CAUSALIDADE E IMPUTAÇÃO NA RESPONSABILIDADE CIVIL AMBIENTAL

ANA PERESTRELO DE OLIVEIRA
Assistente-estagiária da Faculdade de Direito
da Universidade de Lisboa

CAUSALIDADE E IMPUTAÇÃO NA RESPONSABILIDADE CIVIL AMBIENTAL

CAUSALIDADE E IMPUTAÇÃO
NA RESPONSABILIDADE CIVIL AMBIENTAL

AUTORA
ANA PERESTRELO DE OLIVEIRA

EDITOR
EDIÇÕES ALMEDINA, SA
Rua da Estrela, n.º 6
3000-161 Coimbra
Tel.: 239 851 904
Fax: 239 851 901
www.almedina.net
editora@almedina.net

PRÉ-IMPRESSÃO • IMPRESSÃO • ACABAMENTO
G.C. – GRÁFICA DE COIMBRA, LDA.
Palheira – Assafarge
3001-453 Coimbra
producao@graficadecoimbra.pt

Fevereiro, 2007

DEPÓSITO LEGAL
255437/07

Os dados e as opiniões inseridos na presente publicação
são da exclusiva responsabilidade do(s) seu(s) autor(es).

Toda a reprodução desta obra, por fotocópia ou outro qualquer processo,
sem prévia autorização escrita do Editor,
é ilícita e passível de procedimento judicial contra o infractor.

Para a Madalena, minha irmã

NOTA PRÉVIA

O presente trabalho foi apresentado como relatório de mestrado em ciências jurídicas, na faculdade de Direito da Universidade de Lisboa, no ano lectivo de 2005/2006, no âmbito da disciplina de Direito Civil II (Direito Privado do Ambiente), sob a regência dos Senhores Professores Doutores António Menezes Cordeiro e Pedro de Albuquerque.

Lisboa, 15 de Fevereiro de 2007

Ana Paz Ferreira da Câmara Perestrelo de Oliveira

ABREVIATURAS

BFDUC	Boletim da Faculdade de Direito da Universidade de Coimbra
BGB	Bürgerliches Gesetzbuch (Código Civil alemão)
BGH	Bundesgerichtshof (Supremo Tribunal Federal alemão)
CC	Código Civil
CPC	Código de Processo Civil
CRP	Constituição da República Portuguesa
EELR	European Environmental Law Review
ERPL	European Review of Private Law
JZ	Juristenzeitung
LAP	Lei da Acção Popular (Lei n.º 83/85, de 31 de Agosto)
LBA	Lei de Bases do Ambiente (Lei n.º 11/87, de 7 de Abril)
NJW	Neue Juristischen Wochenschrift
RDAOT	Revista de Direito do Ambiente e do Ordenamento do Território
RJUA	Revista Jurídica do Urbanismo e Ambiente
RPCC	Revista Portuguesa de Ciência Criminal
UmweltHG	Umwelthaftungsgesetz (Lei da Responsabilidade Ambiental alemã)
ZPO	Zivilprozessordnung (Código de Processo Civil alemão)

PLANO

Introdução

Parte I   – As soluções nos ordenamentos jurídicos estrangeiros e na União Europeia

Parte II – As teorias da causalidade e imputação na responsabilidade civil ambiental

Parte III – Imputação e prova

Parte IV – A «multicausalidade» em especial

Parte V – A imputação dos danos ambientais *de jure condendo*

Conclusões

Bibliografia

INTRODUÇÃO

1. A revisão da problemática da causalidade na responsabilidade civil ambiental surge, hoje, como exigência irrecusável dos problemas suscitados pelos danos ambientais, em face dos quais o desajustamento das estruturas clássicas de imputação se torna patente. No contexto mais amplo de revisão científica em que desde há muito está envolvido o instituto da responsabilidade civil ([1]), impõe-se, na verdade, determinar quando é que o dano causado directamente ao ambiente (*dano ecológico*), ou causado a pessoas ou bens através do ambiente (*dano ambiental*) ([2]),

---

([1]) Cfr. MENEZES CORDEIRO, *Da Responsabilidade Civil dos Administradores,* Lex, Lisboa, p. 19. Como nota o Autor, os esquemas da responsabilidade civil «atravessam, hoje, um período de intensa revisão. Em muitos pontos, eles estão [até] irreconhecíveis». Ora, se cumpre reconhecer que o fenómeno se estende muito para lá dos problemas da responsabilidade ambiental, também é verdade que, no domínio em que nos movemos, a necessidade de adaptação dos mecanismos de imputação tradicionais é particularmente clara.

([2]) A distinção, no âmbito dos danos ambientais *lato sensu,* entre «dano ecológico» e «dano ambiental» é, hoje, corrente. Como resulta do texto principal, falamos em «danos ecológicos» (ou «danos puramente ecológicos») para referir as lesões causadas em bens ambientais naturais, ou seja, lesões *no ambiente* enquanto bem jurídico; já a expressão «dano ambiental» fica reservada para os danos sofridos na esfera jurídica de um sujeito, *i.e.,* danos provocados a pessoas ou bens *através do ambiente* (cfr., por todos, CUNHAL SENDIM, *Responsabilidade Civil por Danos Ecológicos. Da Reparação do Dano através de Restauração Natural,* Coimbra Editora, Coimbra, 1998, *passim,* em especial pp. 69 e 70; para uma análise dos tipos de danos ambientais ressarcíveis ao abrigo dos regimes internacionais de responsabildade, cfr. LA FAYETTE, «The concept of environmental damage in international liability regimes», in BOWMAN/BOYLE, *Environmental Damage in International and Comparative Law. Problems of Definition and Valuation,* Oxford University Press, Oxford, 2002, pp. 149-189). Os problemas que estes dois tipos de danos colocam ao nível do pressuposto do nexo de causalidade são substancialmente equivalentes (cfr. *infra* n.º 58). A ambos se reporta, por isso, a nossa análise. Assim, quando falamos em danos ambientais sem mais precisões, reportamo-nos a um conceito amplo que abrange as duas modalidades referidas. De notar, a este respeito, que dúvidas não deve haver quanto à ressarcibilidade do dano ecológico através do instituto da responsabilidade

14 *Causalidade e Imputação na Responsabilidade Civil Ambiental*

pode ser objectivamente imputado ao agente. Eis o escopo do presente trabalho: investigar, nesta área, a configuração do nexo de causalidade, entendido enquanto *pressuposto e medida*, ou *fundamento e limite*, da obrigação de indemnizar ([3]), procurando respostas para os problemas dogmáticos e probatórios que aqui se suscitam.

«As dificuldades técnicas e de fundo» ([4]) que, em termos gerais, a aplicação da responsabilidade civil à problemática ambiental levanta têm, de resto, sido repetidamente assinaladas ([5]): em crise ficam os vários pressupostos da responsabilidade civil, da ilicitude ao dano, passando pela culpa. É, todavia, no campo do nexo de causalidade que os problemas revestem maior complexidade, sendo nele que a dogmática tradicional tem reconhecidamente maior dificuldade em trabalhar ([6]). Na verdade, se pode, por exemplo, prescindir-se do carácter ilícito e culposo do com-

---

civil: é verdade que «certa doutrina tem defendido que nos danos ecológicos (...) não seria possível recorrer aos mecanismos da responsabilidade individual, uma vez que estando em causa o interesse global da defesa do ambiente só o Direito público poderia intervir» (Luís MENEZES LEITÃO, «A tutela civil do ambiente», RDAOT, n.ᵒˢ 4 e 5, Dezembro 1999, pp. 31-41, em especial p. 35, em sentido crítico). Todavia, não é de seguir este entendimento. Preenchidos os pressupostos da responsabilidade civil, ela poderá ser efectivada com vista à reparação do dano ecológico, não através da legitimidade individual, é certo, mas da legitimidade popular (singular ou associativa) que a Constituição e a Lei conferem aos cidadãos e suas associações (cfr. *infra* nota 47). A este respeito, cfr. MIGUEL TEIXEIRA DE SOUSA, *A Legitimidade Popular na Tutela de Interesses Difusos,* Lisboa, 2003. Sobre o papel das associações ambientais neste domínio, cfr., aliás, GERRIT BETLEM, «Strict environmental liability and NGO damages and enforcement claims: a Dutch and International Law Perspective», EELR, Novembro 2001, pp. 314-321. Em geral sobre a responsabilidade por danos ecológicos, cfr. KADNER, *Der Ersatz ökologischer Schäden. Ansprüche von Umweltverbänden,* Schriften zum Umweltrecht, Band 56, Duncker & Humblot, Berlim, 1995, em especial pp. 48 e ss..

([3]) Cfr. *infra v.g.* n.º 34.

([4]) MENEZES CORDEIRO, «Tutela do ambiente e direito civil», *Direito do Ambiente,* INA, Oeiras, 1994, p. 389.

([5]) Entre nós, cfr., sobretudo, MENEZES CORDEIRO, «Tutela...», cit., pp. 388-390; Luís MENEZES LEITÃO, «A tutela...», cit. pp. 31-41; JOÃO MENEZES LEITÃO, «Instrumentos de Direito Privado para a protecção do ambiente», RJUA, n.º 7, Junho 1997, pp. 50-54; HENRIQUE SOUSA ANTUNES, «Ambiente e responsabilidade civil», *Estudos de Direito do Ambiente,* Publicações Universidade Católica, Porto, 2003, pp. 150-179; e ainda COLAÇO ANTUNES, «Poluição industrial e dano ambiental. As novas afinidades electivas da responsabilidade civil», BFDUC, vol. LXVII, 1991, pp. 1-28. Sobre o problema do dano, cfr., especificamente, CUNHAL SENDIM, *Responsabilidade...,* cit., 1998; do mesmo Autor, cfr., em geral, *Responsabilidade Civil por Danos Ecológicos,* Cadernos do CEDOUA, Almedina, Coimbra, 2002.

([6]) Cfr. MENEZES LEITÃO, «A tutela ...», cit., p. 35.

Introdução 15

portamento ([7]), enveredando-se, no domínio ambiental, por formas de responsabilidade objectiva ([8]), já não pode aqui abdicar-se do pressuposto

---

([7]) Ou estender-se a ilicitude através da construção de normas de protecção, designadamente através dos tipos penais incriminadores de comportamentos ambientalmente lesivos ou das regras de Direito público vigentes nesta matéria. Escreve, nesta linha, SINDE MONTEIRO, «Protecção dos interesses económicos na responsabilidade civil por dano ambiental», *A Tutela Jurídica do Meio Ambiente: Presente e Futuro,* Studia Juridica 81, Coimbra, 2005, pp. 133-156, em especial p. 148, que «outra via técnico-jurídica [para obter o ressarcimento de danos económicos puros: cfr. *infra* nota 154] será a da interpretação das disposições legais que prevêem crimes em matéria de ambiente, em particular o art. 279.º do Código Penal, bem como das que disciplinam os diversos bens ambientais, estabelecendo regras técnicas e, não raro, cominando coimas (...). Em teoria, mesmo uma norma contida na Constituição da República pode ser considerada como uma "disposição legal de protecção" para os efeitos do art. 483.º, n.º 1, do Código Civil».

([8]) A responsabilidade pelo risco tende, na verdade, a assumir importância central no ressarcimento dos danos ambientais. Para um confronto das suas vantagens face à responsabilidade subjectiva, sob a perspectiva da minimização dos danos ambientais, cfr., *v.g.,* MICHAEL FAURE, «Economic aspects of environmental liability: na Introduction», ERPL, vol. 4, n.º 2, 1996, pp. 85-109; ANTHONY G. HEYES, «The economics of strict and fault-based environmental liability», EELR, Novembro de 2004, pp. 294-296; concretamente sobre os fundamentos jurídicos e económicos da responsabilidade pelo risco no Direito do ambiente, cfr. FEES, *Haftungsregeln für multikausale Umweltschäden. Eine ökonomische Analyse des Umwelthaftungsgesetzes unter besonderer Berücksichtigung multikausaler Schadensverursachung,* Metropolis Verlag, Marburg, 1995, pp. 12 e ss. Entre nós, cfr., a este respeito, *v.g.,* MENEZES CORDEIRO, «Tutela...», cit.,,p. 389; L. MENEZES LEITÃO, «A tutela...», cit., pp. 33 e 34; JOÃO MENEZES LEITÃO, «Instrumentos...», cit., p. 52. A denotada tendência de crescimento do papel da responsabilidade objectiva no domínio ambiental insere-se, de resto, numa tendência de âmbito mais vasto: como explica MENEZES CORDEIRO, *Tratado de Direito Civil,* vol. I, Parte Geral, tomo I, 3.ª ed., Almedina, Coimbra, 2005, p. 422, «de natureza excepcional, no seu início, as imputações pelo risco devem hoje ser apresentadas como desvios à regra da suportação dos danos nas esferas onde ocorram, e nada mais», residindo aí «uma área importante de evolução juscientífica da responsabilidade civil nos próximos tempos». Sobre a evolução da responsabilidade civil objectiva, cfr. também a análise de GONÇALO CASTILHO DOS SANTOS, *Responsabilidade Objectiva. Novas Tendências através da Responsabilidade pelo Risco,* Relatório de mestrado inédito apresentado à Faculdade de Direito de Lisboa, 2000. Ainda numa perspectiva clássica, cfr. MARIA MANUELA VALADÃO E SILVEIRA, *A Responsabilidade pelo Risco no Código Civil. Algumas Reflexões,* Relatório de mestrado inédito apresentado à Faculdade de Direito de Lisboa, Lisboa, 1985. De entre os preceitos contidos no Código Civil, assume especial relevância a imputação pelo risco contida no art. 509.º, relativo aos danos causados por instalações de energia eléctrica ou de gás, que podem configurar uma lesão do ambiente [cfr., *v.g.,* VASCO PEREIRA DA SILVA, *Verde Cor de Direito. Lições de Direito do Ambiente,* (reimpr. da ed. 2002) Almedina, Coimbra, 2005, p. 265].

Esta forma de responsabilidade independente de ilicitude e de culpa encontra-se, de resto, consagrada em diversas legislações ambientais nacionais (cfr., a este respeito,

16   *Causalidade e Imputação na Responsabilidade Civil Ambiental*

do nexo causal ([9]). Como sublinha a Directiva comunitária relativa à responsabilidade ambiental, de Abril de 2004 ([10]), no seu considerando 13, «nem todas as formas de danos ambientais podem ser corrigidas pelo mecanismo da responsabilidade. Para que este seja eficaz, tem de haver um ou mais poluidores identificáveis, o dano tem que ser concreto e tem de ser estabelecido um nexo de causalidade entre o dano e o ou os poluidores identificados. (...) A responsabilidade não é um instrumento adequado para tratar a poluição de carácter disseminado e difuso, em que é impossível relacionar os efeitos ambientais negativos com actos ou omissões de determinados agentes individuais» ([11]).

a excelente síntese de MARK WILDE, *Civil Liability for Environmental Damage. A Comparative Analysis of Law and Policy in Europe and the United States,* Kluwer Law International, The Hague/London/New York, 2002, pp. 197 e ss.). Entre nós, não existe uma previsão de risco em vigor. É certo que a Lei de Bases do Ambiente veio dispor, no seu art. 41.º, que «existe obrigação de indemnizar, independentemente de culpa, sempre que o agente tenha causado danos significativos no ambiente, em virtude de uma acção especialmente perigosa, muito embora com respeito do normativo aplicável» (n.º 1). Nos termos do n.º 2, «o quantitativo da indemnização será estabelecido em legislação complementar». Independentemente das dúvidas na determinação do campo de aplicação desta previsão legal (cfr. SINDE MONTEIRO, «A protecção...», cit., p. 140), o que é certo é que esta não está em vigor, por falta de regulamentação complementar. Neste sentido, cfr., *v.g.,* MENEZES CORDEIRO, «Tutela...», cit., p. 389; SINDE MONTEIRO, «A protecção...», cit., pp. 140 e 141; JOÃO MENEZES LEITÃO, «Instrumentos...», cit., p. 52; CUNHAL SENDIM, *Responsabilidade...,* cit., 1998, p. 51. Defendendo, todavia, a aplicabilidade directa da norma do art. 41.º, cfr., nomeadamente, VASCO PEREIRA DA SILVA, *Verde...,* cit., p. 266, que apela, em especial, ao direito fundamental ao ambiente consagrado no art. 66.º da CRP, «o qual, na sua vertente subjectiva, goza de aplicabilidade imediata e vincula entidades públicas e privadas (vide o art. 18.º n.º 1, CRP, por força do art. 17.º CRP)». Segundo este A., ob. cit., p. 267, serão aplicáveis os limites da responsabilidade contidos no art. 510.º do Código Civil.

([9]) Na verdade, como refere CUNHAL SENDIM, *Responsabilidade...,* cit., 1998, p. 59, «a criação de estruturas de imputação específicas para os danos ambientais e ecológicos tem, contudo, alguns limites. Está desde logo dependente da existência dos pressupostos materiais de funcionamento da responsabilidade civil. Nesta perspectiva, sublinha-se que a utilização do esquema de imputação de danos próprio da responsabilidade civil está condicionado, pelo menos à partida, à possibilidade de identificação do *lesante* e à determinação (ainda que com menor rigor) de um nexo causal. Sucede, todavia, que em muitos casos não é possível realizar tal identificação, devendo, pois, concluir-se que as situações de responsabilidade alicerçadas na dogmática da responsabilidade só podem diminuir parcialmente os *défices* de responsabilidade referidos no início».

([10]) Sobre esta, cfr. *infra* n.º 18.

([11]) Como aponta CUNHAL SENDIM, *Responsabilidade...,* 2002, p. 45, a propósito do nexo de causalidade, «esta questão está claramente associada ao problema dos *limites institucionais* do sistema de responsabilidade e à definição de sistemas complementares

Introdução 17

Assim sendo, procura-se, no âmbito da responsabilidade civil ambiental – seja por facto de entes privados ou de entes públicos ([12]) –, respostas que, reconhecendo e respeitando o papel desempenhado pelo nexo de causalidade, sejam suficientemente flexíveis para se adaptarem às características do processo causal dos danos ambientais.

2. Surgem, na verdade, nesse âmbito, problemas específicos, que porventura só encontrarão algum paralelo em matéria de *responsabilidade pelo produto*. Autores há – sobretudo germânicos, como é o caso de HAGER ([13]) – que têm procurado encontrar pontos de contacto entre as duas temáticas. Seja como for, é na área da responsabilidade ambiental que a discussão tem sido mais rica ([14]), se não na doutrina portuguesa, pelo menos na doutrina alemã, onde encontramos estudos específicos, em artigos ou monografias, sobre o tema que nos ocupa, estimulados, na sua maioria, por uma lei de responsabilidade ambiental (a *Umwelthaftungsgesetz* de 1990) que procurou encontrar uma solução, em boa medida original, para o problema.

3. A especificidade das questões que se colocam torna-se, então, evidente se tivermos em conta a fisionomia típica do dano ambiental e do respectivo processo causal: é, na verdade, utópica a demanda de clareza científico-natural nessa área, devido ao modo próprio de actuação

---

assentes, por exemplo, no princípio da repartição comunitária». Ou seja, na medida em que não seja possível relacionar-se o comportamento de um ou mais agentes com o dano ocorrido, não pode a responsabilidade civil funcionar. Não significa isso, todavia, que o lesado não deva ser compensado pelos danos sofridos. Simplesmente, o mecanismo adequado já não será o da responsabilidade civil, mas sim, por exemplo, fundos colectivos de compensação ou garantia. Defendendo uma forma de responsabilidade colectiva por danos ambientais, cfr. WAGNER, *Kollektives Umwelthaftungsrecht auf genossenschaftlicher Grundlage*, Schriften zum Umweltrecht, Band 16, Duncker & Humblot, Berlim, 1990, especialmente pp. 104 e ss. (sobre a causalidade nesse contexto, cfr. pp. 121 e ss.).

([12]) A responsabilidade civil da Administração Pública por danos ambientais levanta, na realidade, idênticos problemas ao nível dos pressupostos da responsabilidade civil, *maxime* do nexo de causalidade. A este respeito, cfr. VASCO PEREIRA DA SILVA, *Verde...*, cit., pp. 261 e 262.

([13]) «Umwelthaftung und Produkhaftung», JZ, 1990, ano 45, pp. 397-409.

([14]) Nesta medida, o contributo dos estudos em matéria de responsabilidade pelo produto para a temática em análise é, a nosso ver, menor do que *prima facie* a (razoável) similitude de problemas sugeriria, tendo a temática da causalidade ambiental assumido caminhos e soluções autónomas. Tome-se, em todo o caso, em conta as importantes análises feitas, por exemplo, sobre o caso «DES», por exemplo. Cfr. *infra* n.º 11.

dos poluentes, à influência ou conjugação de factores múltiplos, alguns de carácter natural (como factores climatéricos ou meteorológicos), outros de origem humana, com emissões poluentes de fontes diversas a fundirem-se num mesmo processo poluente, onde os contributos individuais não são destacáveis, onde a «mistura» de substâncias poluentes produz, muitas vezes, efeitos sinergéticos, e onde frequentemente substâncias *prima facie* neutras adquirem efeitos ambientalmente nocivos apenas quando conjugadas com as demais. Em suma, as situações de «multicausalidade» ([15]) são a regra no domínio ambiental, ao mesmo tempo que o processo poluente tende também a prolongar-se no espaço e no tempo, originando os chamados «danos-à-distância» (*Distanzschäden*) e «danos tardios» (*Spätschäden*), que mais evidenciam as anunciadas dificuldades na detecção do nexo de causalidade entre facto e dano ([16])([17]). Por isso, muitas vezes somos colocados perante uma situação

---

([15]) Utilizamos, no texto, as expressões «multicausalidade» e «concurso de causas» em sentido equivalente. A expressão *Multikausalität* é corrente nos escritos alemães sobre responsabilidade ambiental e é, entre nós, utilizada, também nesse contexto, por MENEZES CORDEIRO, «Tutela...», cit., p. 391. As situações de concurso de causas, com contornos diversos, são, na verdade, frequentes, correspondendo mesmo às hipóteses-regra no domínio ambiental (cfr., a título meramente exemplificativo, WAGNER, *Kollektives...*, cit., pp. 27 e ss.). Pense-se nos frequentes casos em que se sabe que uma ou mais instalações causaram o dano, sendo, não obstante, impossível determinar qual ou quais em concreto o causaram («causalidade alternativa»), ou nos casos em que o dano ambiental surge apenas em consequência da conjugação do comportamento de dois ou mais agentes que, todavia, actuaram de modo independente uns dos outros («causalidade cumulativa»); ou pense-se ainda naqueles casos em que o comportamento do agente se assume, tão-somente, como parte de um processo causal conducente ao dano, por vezes produzindo inclusivamente efeitos lesivos sinergéticos quando conjugado com factores preexistentes («causalidade aditiva, potenciada ou sinergética»). Com terminologia variável (cfr. *infra* nota 266), a especulação jurídica em torno de hipóteses como as descritas tem permitido levantar interessantes dúvidas de construção dogmática e porventura mesmo de construção legislativa. De resto, se no Direito alemão (aquele onde mais incisivamente a problemática da causalidade tem sido tratada) as respostas a dar estão, ainda hoje, marcadas por patente indefinição, entre nós, como veremos, a busca de soluções coerentes é por vezes até mais complexa, como sucede em matéria de «causalidade alternativa», onde a inexistência de preceito geral similar ao § 830 do BGB tende a dificultar soluções adequadas à problemática ambiental.

([16]) Para alguns exemplos concretos, decididos na *case law,* cfr. MARK WILDE, *Civil Liability ...,* cit., pp. 57 e ss..

([17]) Outras situações, por vezes apresentadas como hipóteses carentes de resposta ao nível da causalidade na responsabilidade civil ambiental, como os designados «dano anónimo», «dano acumulado» e «dano futuro não previsível» (cfr. J. MENEZES LEITÃO, «Instrumentos...», cit., p. 53, HENRIQUE ANTUNES, «Ambiente...», cit. p. 175), são, na

Introdução 19

em que, recorrendo à expressão de PEDRO MÚRIAS ([18]), «a incerteza sobre factos substantivamente relevantes é "objectiva", *i.e.*, intersubjectiva, comum às pessoas mais esclarecidas sobre dado assunto, inultrapassável segundo o "estado actual dos conhecimentos" – o que pode até perdurar indefinidamente». Ou seja, em matéria de dano ambiental defrontamo--nos com óbvias dificuldades de prova por parte do lesado e, no limite, até perante casos de «objectividade da dúvida», em que, mais do que incerteza a respeito do processo causal, há uma «certeza quanto à incerteza» ([19])([20]).

Assim, podemos ainda hoje afirmar, com MENEZES CORDEIRO, que «há, aqui, todo um mundo que se oferece à investigação dos juristas, civilistas ou ambientalistas, nos próximos anos» ([21]).

4. Em face deste quadro, bem se compreende que uma recusa de adaptação ou, pelo menos, de reponderação dos mecanismos clássicos de imputação, bem como das exigências probatórias em matéria de causalidade, excluiria, *ad limine,* em todos os *casos-tipo* de danos ambientais, a operatividade da responsabilidade civil, condenando-a de antemão ao insucesso. Tal sucederá, na realidade, não só devido aos factores objectivos apontados, mas ainda em virtude de o processo poluente – que se inicia e se desenvolve em boa medida no interior da instalação poluente – ser, na quase totalidade dos casos, inacessível à vítima ([22]). Ora, deve

---

realidade, situações em que esse mesmo nexo causal falha. Os próprios «danos-à-distância» e os «danos tardios», referidos no texto, não são também, as mais das vezes, indemnizáveis: tudo dependerá, contudo, da configuração concreta do caso. Como frisámos logo de início, impõe-se reconhecer que a responsabilidade civil não se assume como instrumento jurídico universalmente apto a lidar com todos os tipos de danos ambientais. Justamente nas situações em que não seja possível identificar o causador ou causadores do dano (*v.g.* casos de poluição generalizada, como aquela que provém dos escapes dos automóveis) ou em que não haja um dano actual ou, pelo menos, previsível, não pode haver obrigação de indemnizar. Não se nega – nem poderia negar-se – a relevância do problema subjacente às situações postas em realce. Simplesmente as mesmas terão de encontrar respostas em outros instrumentos que não o da responsabilidade civil ambiental.

([18]) *Por uma Distribuição Fundamentada do Ónus da Prova,* Lex, Lisboa, 2000, p. 31.

([19]) PEDRO MÚRIAS, *Por uma Distribuição...,* cit., p. 31.

([20]) Cfr. *infra* n.º 39.

([21]) «Tutela do ambiente...», cit., p. 390. A afirmação (quase repto) do Autor mantém, de facto, clara actualidade.

([22]) Daí a importância da previsão legal de um direito à informação do lesado junto do operador da instalação, como encontramos na *UmweltHG,* e cuja consagração entre nós (com contornos mais alargados) defendemos *de jure condendo* (cfr. *infra* n.º 58).

20   *Causalidade e Imputação na Responsabilidade Civil Ambiental*

reconhecer-se a responsabilidade civil por danos ambientais como instituto jurídico adequado à tutela do Ambiente [23][24]: para tanto é, na verdade, «instrumento juridicamente apetrechado» [25] com capacidade de adaptação às novas questões suscitadas: *maxime* ao nível do nexo causal entre facto e dano.

---

[23] O papel da responsabilidade civil na protecção do ambiente não pode, na realidade, ser negado: este instituto cumpre, indubitavelmente, funções fundamentais nesse âmbito: para lá das finalidades ressarcitórias – essenciais à reparação do dano ambiental, *prima facie* através da restauração natural (cfr., CUNHAL SENDIM, *Responsabilidade...*, cit., 1998) – a responsabilidade civil assume ainda claro escopo preventivo e mesmo punitivo, permitindo o reforço da efectividade das normas, de Direito público ou privado, em matéria ambiental. Como se escreve no Livro Branco da Responsabilidade Ambiental (cfr. *supra*), «a regulamentação ambiental estabelece normas e procedimentos destinados a preservar o ambiente. Sem a responsabilidade civil, as consequências do incumprimento das normas e procedimentos existentes poderão ficar-se pelas meras sanções administrativas ou penais. Contudo, se a responsabilidade for adicionada à regulamentação, os potenciais poluidores também enfrentam a perspectiva de terem de pagar a reparação ou a compensação dos danos que causaram» (p. 11). Acrescenta-se ainda que «a responsabilidade civil leva à prevenção dos danos e à internalização dos custos ambientais. Esta responsabilidade também poderá levar à aplicação de uma maior precaução, que terá como resultado um prevenção de riscos e dos danos, além de poder encorajar o investimento em investigação e desenvolvimento para aumentar os conhecimentos e melhorar as estruturas (...) Se a responsabilidade civil exercer o efeito preventivo atrás descrito e a reparação for assegurada quando os danos se verificarem, deverá melhorar igualmente o cumprimento da legislação ambiental comunitária». O mesmo se diga, naturalmente, da legislação ambiental nacional. Sobre o papel da responsabilidade civil na protecção do ambiente, cfr., para além dos AA. citados *supra* nota 5, *v.g.* WILDE, *Civil Liability...*, cit., pp. 8 e ss. e 115 e ss.; TERESA MORAIS LEITÃO, *Civil Liability for Environmental Damage: A Comparative Survey of Harmonised European Legislation*, Florença, 1995, pp. 21 e ss.. Para um panorama geral das funções da responsabilidade civil, cfr., por último, CARNEIRO DA FRADA, *Direito Civil. Responsabilidade Civil. O Método do Caso*, Almedina, Coimbra, 2006, pp. 64 e ss..

[24] A «responsabilidade civil consiste (...) no instrumento primordial do Direito Civil, que pode ser utilizado com funções de tutela do ambiente» (L. MENEZES LEITÃO, «A tutela...», cit., p. 31). Não é, todavia, o único instrumento privado de tutela ambiental. Também assumem papel de relevo nesse contexto, p.ex., as regras sobre relações de vizinhanças, constantes do Código Civil, bem como as regras de tutela dos direitos de personalidade. Sobre este ponto, cfr. MENEZES CORDEIRO, «Tutela...», cit., pp. 385 e ss.; L. MENEZES LEITÃO, «A tutela...», cit., pp. 20 e ss.; J. MENEZES LEITÃO, «Instrumentos...», cit., pp. 43 e ss.. Cfr., também, em geral, FRANCESCO DI GIOVANNI, *Strumenti Privatistici e Tutela dell'ambiente*, CEDAM, Pádua, 1982 (cfr., em especial, sobre a tutela aquiliana, pp. 97-120).

[25] MENEZES CORDEIRO, «Tutela...», cit., p. 388.

5. Repare-se, aliás, que o problema não é exclusivo da responsabilidade civil subjectiva. Também ali onde se estabeleça uma responsabilidade independente de ilicitude e culpa se imporá determinar se o dano ambiental é objectivamente imputável ao comportamento (ainda que lícito) do agente. Cumprindo embora reconhecer que não é exactamente coincidente o apuramento de um nexo causal entre facto e dano nos casos de responsabilidade subjectiva e nos casos de responsabilidade pelo risco, é certo que não pode, mesmo nesta última, prescindir-se do pressuposto em causa [26]. De resto, podemos talvez ir mais longe e afirmar que não só o problema é *também* relevante no domínio da res-

---

[26] Afirma MENEZES CORDEIRO, *Tratado...*, cit., p. 424, que «a imputação pelo risco não postula, por definição, qualquer acção destinada a provocar danos; assim sendo, não há que procurar o surgimento do dano numa confluência meios-fins do agente (o chamado "nexo de causalidade") mas, tão-só, numa sequência socialmente adequada à sua suscitação». Por seu lado, escreve GONÇALO CASTILHO DOS SANTOS, *Responsabilidade...*, cit., p. 81, que «a responsabilidade objectiva ou quase-objectiva é mais do que pura responsabilidade causal. Diríamos mesmo que esta responsabilidade é extra-causal, no sentido de que bastando-se a lei com o resultado e agregando-o a um benefício económico ou social do agente, prescinde da técnica da causalidade tradicional, independentemente de nos movermos pela causalidade adequada ou normativa. Ambas as teorias são insuficientes para enquadrar o sistema legal de pendor objectivizante. Na melhor das hipóteses, mas já conspurcando a *ratio* que lhes subjaz, diríamos que o legislador teria, excepcionalmente, acolhido critérios *de jure tantum* quanto à atendibilidade social do dano». Atente-se, todavia, a observação de MENEZES CORDEIRO, *Da Responsabilidade...*, cit., p. 539, a respeito da «teoria do fim da norma» segundo a qual esta «cobriria bem a imputação objectiva; seria mesmo a única forma de, aí, determinar a causalidade: o que pretende a lei com uma previsão de risco?» (sobre este ponto, cfr. *infra* n.º 27). A propósito desta questão, cumpre reconhecer, na realidade, que o nexo de causalidade tende, em princípio, a assumir configuração distinta na responsabilidade objectiva: entendido este pressuposto, como vimos, no sentido de atribuição *jurídica* do dano ao comportamento do agente, não pode ser indiferente o carácter lícito ou ilícito da conduta para essa configuração. Por isso é que escreve MENEZES CORDEIRO, *Direito das Obrigações,* vol. II, AAFDL, Lisboa, 1980, p. 370, no quadro, então defendido, da teoria da adequação (cfr. *infra* n.º 25), que «a adequação requerida na responsabilidade objectiva é tão só uma adequação abstracta, privada de nível axiológico, a apreciar caso a caso à luz do sentir social. (...) Isto é: na imputação delitual, a precisa delimitação da extensão do dano a imputar ao agente é derivada de uma valorização jurídica; na imputação objectiva consegue-se o mesmo efeito não com recurso a níveis axiológicos mas tão só, a níveis ontológicos, delimitados em função de critérios de normalidade social». Esta diferença de configuração do nexo causal – que é, afinal, a diferença da natureza do comportamento do agente (licitude/ilicitude) – de modo algum pode significar que a responsabilidade pelo risco é «extra-causal» ou que prescinde da causalidade. O nexo de causalidade tem que ser exigido: apenas a sua análise é distinta relativamente à responsabilidade civil subjectiva.

22 Causalidade e Imputação na Responsabilidade Civil Ambiental

ponsabilidade pelo risco, como ele é aí *especialmente* relevante. Na realidade, se é necessário «agilizar» os mecanismos de responsabilidade, também se impõe evitar uma «responsabilidade presumida», incompatível com os princípios do sistema jurídico português e com as garantias constitucionais das pessoas, naturalmente insusceptíveis de ceder face às necessidades de tutela do ambiente. Ora, na responsabilidade objectiva, porque justamente se prescinde da ilicitude e da culpa, o nexo de causalidade – como quer que seja entendido – é pressuposto quase único da mesma, cumprindo-lhe assegurar a função de fronteira ou limite da obrigação de indemnizar [27][28]. Aliás, se dúvidas houvesse sobre a relevância do problema objecto de estudo na área da responsabilidade pelo risco, bastaria atentar-se no exemplo da *UmweltHG* que estabelece uma responsabilidade por danos ambientais de carácter objectivo e que, não obstante, sentiu a necessidade clara de responder às dificuldades suscitadas ao nível da causalidade.

6. Os problemas de causalidade na responsabilidade ambiental que detectámos – e que melhor se compreenderão, em toda a sua abrangência, ao longo da exposição subsequente – terão de ser resolvidos, a nosso ver, em dois planos a ponderar em conjunto, porque interpenetráveis.

Por um lado, haverá que perguntar, de um ponto de vista eminentemente dogmático, como deve ser imputado o dano ao agente: ultrapassadas as teorias da *conditio sine qua non* e da causalidade adequada, tende, hoje, e desde há anos, a dominar na doutrina civilista a fórmula normativa do «escopo da norma violada» (*Normzwecklehre*). Escreve Menezes Cordeiro que «este caminho [*i.e.*, a teoria do fim da norma] rasga vastos horizontes no domínio ambiental» [29]. Todavia, assente que está numa causalidade naturalística – que posteriormente delimita em atenção às posições jurídicas tuteladas pela norma violada –, tal doutrina, quando aplicada ao domínio especificamente ambiental, merece uma

---

[27] No que especificamente se refere à responsabilidade civil por danos ambientais, cfr., *v.g.*, Pospich, *Haftung nach dem Umwelthaftungsgesetz bei Multifaktorieller Verursachung*, Peter Lang, Frankfurt am Main, 2004, p. 77. Entre nós, em geral, cfr. Almeida Costa, *Direito das Obrigações*, 9.ª ed., Almedina, Coimbra, 2001, p. 709, que escreve que «o nexo de causalidade continua presente no domínio da responsabilidade objectiva, onde assume particular relevo como elemento delimitador dos danos indemnizáveis, perante a ausência dos parâmetros da ilicitude e da culpa».

[28] Sobre o nexo de causalidade na responsabilidade objectiva, cfr., *v.g.*, Visintini, *Trattato Breve della Responsabilitità Civile*, CEDAM, Milão, 1996, pp. 583 e 585 e ss..

[29] «Tutela...», cit., p. 390.

Introdução 23

reponderação crítica, cumprindo indagar da real operatividade prática da concepção em causa (bem como das demais fórmulas apresentadas) na área em que nos movemos. Haverá nesta porventura ainda espaço para, tendo em conta a particular configuração do dano ambiental e do respectivo processo causal, encontrar novas vias de resposta, com maior aptidão para enquadrar dogmaticamente os problemas práticos que se suscitam. Em aberto fica, nomeadamente, a possibilidade de se prescindir da *conditio sine qua non* como base da imputação, caminhando-se para outros critérios normativos de causalidade.

Verificaremos, no entanto, que tal busca de uma fórmula teórica capaz de permitir em concreto uma fundada imputação do dano ambiental ao agente não é suficiente, por si só, para fazer face a toda a complexidade da problemática da causalidade na responsabilidade ambiental. Neste domínio, mais não poderemos do que ambicionar fornecer adequado enquadramento teórico ou dogmático para soluções a encontrar noutra parte – ao nível probatório –, onde se levantam interrogações não menos complexas do que aquelas com que nos deparamos num primeiro plano de análise.

Ficará, no entanto, ainda uma dúvida: as conclusões alcançadas, os caminhos trilhados – em suma, os resultados práticos da nossa investigação – serão satisfatórios ou suficientes? Impor-se-á, no caso contrário, ponderar a construção, ao nível legislativo, de regras especificamente aplicáveis à matéria da imputação dos danos, mais precisas e seguras do que as «meras» respostas doutrinárias ou jurisprudenciais? Esta última indagação é tanto mais importante quanto é certo que a transposição da Directiva comunitária em matéria de responsabilidade ambiental constituirá, inegavelmente, momento favorável a repensar a problemática da responsabilidade civil por danos ambientais.

7. Torna-se, pois, evidente a importância de encontrar respostas que, nos vários níveis de análise descritos, ponderem os valores e interesses em jogo, em boa medida conflituantes: de um lado, a protecção da vítima e do ambiente em si, preservando ou favorecendo o papel da responsabilidade civil no domínio ambiental, e, de outro, a necessidade de evitar uma responsabilidade meramente «suspeita» ou «presumida» (tutelando também os potenciais lesantes), bem como de garantir a certeza e segurança jurídicas quanto à repartição e suportação dos riscos em sociedade ([30]).

([30]) Em geral sobre o dano e a sua suportação, cfr. MENEZES CORDEIRO, *Tratado...*, cit., pp. 419 e ss..

24 *Causalidade e Imputação na Responsabilidade Civil Ambiental*

8. Uma nota e uma prevenção se impõem quanto ao título do nosso trabalho: *Causalidade e Imputação na Responsabilidade Civil Ambiental.* Cederá parcialmente, talvez, o rigor técnico face à capacidade informativa do título. O problema da *causalidade* – está hoje assente – é um problema de *imputação dos danos.* De uma «causalidade natural» ou «naturalística» evoluiu-se, há muito, para uma «causalidade jurídica», «normativa», que, rigorosamente, é agora um problema de «imputação» ([31]). Falamos também, a este propósito, na esteira da doutrina penal, em *imputação objectiva*: não no sentido de «imputação independente de ilicitude e culpa» (*maxime,* imputação fundada no risco, «objectiva» *hoc sensu*) mas no sentido de atribuição (jurídica ou normativa) do dano ou resultado lesivo ao agente ([32]). Como escreve POSPICH, «a causalidade é a imputação objectiva de um resultado danoso a um fundamento de responsabilidade (*Haftungsgrund*), uma acção ou uma omissão» ([33]). A *imputação* – podemos afirmá-lo – é, portanto, a expressão jurídica da *causalidade,* ou, em termos mais exactos, «a causalidade num sentido jurídico surge como uma questão de imputação» ([34]). A causalidade é apreciada naturalisticamente, enquanto que a imputação é normativamente apurada. Por isso seria correcto – não obstante menos expressivo – falar-se tão-somente em «imputação dos danos da responsabilidade civil ambiental». Só o significado jurídico potencialmente mais abrangente da expressão «imputação» – que *prima facie* significa, em termos gerais, a atribuição dos danos sofridos numa esfera jurídica a outra esfera jurídica ([35]) – recomenda que se fale, simultaneamente, em «causalidade e imputação».

9. Assim colocado e enquadrado o problema que nos ocupa, procuraremos encontrar soluções adequadas para o mesmo, através de uma análise estruturada em cinco partes. Deste modo, começaremos por expor criticamente as principais soluções que têm sido seguidas nesta matéria nos ordenamentos estrangeiros, bem como o panorama respectivo no âmbito da União Europeia (**Parte I**). De seguida, e como decorre do exposto, procuraremos analisar as várias teorias de causalidade e

---

([31]) Cfr. *infra* n.º 23.

([32]) Cfr. *v.g.* TAIPA DE CARVALHO, *Direito Penal. Parte Geral,* vol. II, Teoria Geral da Infracção, Publicações Universidade Católica, Porto, 2004, p. 103.

([33]) *Haftung ...,* cit., p. 51.

([34]) POSPICH, *Haftung...,* cit., p. 51.

([35]) Cfr. MENEZES CORDEIRO, *Tratado...,* cit., p. 421.

Introdução 25

imputação tendo em conta a específica problemática ambiental, respondendo à questão de saber como resolver o problema da imputação dos danos do ponto de vista dogmático (**Parte II**), tratando, em seguida, o problema sob a perspectiva da prova (**Parte III**). Definido o quadro geral de resposta, impor-se-á ainda tratar dos casos, portadores de dificuldades próprias, do concurso de causas ou da «multicausalidade», revendo as respostas clássicas dadas nesse domínio (**Parte IV**). Finalmente, restará indagar da necessidade ou conveniência da regulamentação legal da matéria em causa, bem como investigar os termos concretos dessa eventual regulação (**Parte V**).

PARTE I

AS SOLUÇÕES NOS ORDENAMENTOS JURÍDICOS ESTRANGEIROS E NA UNIÃO EUROPEIA

§ 1.º As respostas da *Common Law*

10. Os ordenamentos da *Common Law* fornecem importantes *case studies,* exemplificativos dos principais problemas em matéria de responsabilidade por danos ambientais. Na verdade, estando a *case law* inextrincavelmente ligada às mudanças nas condições sociais e económicas, «a forma de evolução das *common law tort rules* (...) em resposta [aos problemas ambientais] ilumina claramente os principais assuntos a tratar» ([36]). Interessa-nos menos, naturalmente, expor e analisar, neste âmbito, os principais *torts* relevantes no domínio ambiental – a adaptação dos clássicos *trespass of land* e *nuisance,* a regra de responsabilidade objectiva construída em *Rylands v. Fletcher,* a *public nuisance* ou a *negligence*, bem como o *breach of statutory duties* ([37]) – do que ponderar as respostas jurisprudencialmente construídas em face das dificuldades de comprovação da causalidade na responsabilidade civil ambiental.

É certo, não obstante, que a prova da causalidade nos ordenamentos de *common law* é marcadamente menos exigente do que nos ordenamentos de tipo continental. Em termos gerais, basta-se a jurisprudência com a convicção acerca da «probabilidade», «razoável» ou «predominante», de verificação dos factos. Ora, aplicada esta regra ao nexo de causalidade, verifica-se uma flexibilidade desconhecida dos ordenamentos continentais: exige-se que o facto seja *conditio sine qua non* do dano (através do *but for test*) ([38]), mas aligeira-se o grau de prova requerido, que não

---

([36]) WILDE, *Civil Liability...,* cit., p. 23.

([37]) Sobre estes, cfr. a explicação de WILDE, *Civil Liability...,* cit., pp. 24 e ss..

([38]) Cfr., *v.g.,* ROGERS, «Causation under English Law», *Unification of Tort Law: Causation,* Kluwer Law International, The Hague-London-Boston, 2000, pp. 39-51, em especial pp. 39 e 40; cfr. também SCHWARTZ, «Causation under US law», *Unification...,* cit., pp. 123-126. Embora corrigida de modo a excluir causas que não podem ser aceites como efectivas ou adequadas, é a teoria da *conditio sine qua non* que é aplicada pelos tribunais nos ordenamentos inglês e americano (sobre esta teoria, cfr. *infra* n.º 24). Para um confronto das soluções em matéria de causalidade vigentes nos vários ordenamentos jurídicos, com casos ilustrativos, cfr. SPIER/HAAZEN, «Comparative conclusions on causation», *Unification...,* cit., pp. 127-154.

30 *Causalidade e Imputação na Responsabilidade Civil Ambiental*

reclama a «certeza» mas antes se satisfaz com um *balance of probabilities* [39].

Não permite, todavia, esta atenuação da medida da prova obviar a complexos problemas ao nível do requisito da causalidade. Estes ocorrem, na realidade, sobretudo em hipóteses de causalidade múltipla (*multiple causation*), que reclamam respostas específicas [40].

11. Referência especial merece, neste âmbito, a chamada *pollution--share liability* [41], importação para o domínio ambiental da *market-share liability theory,* desenvolvida pelo Supremo Tribunal da Califórnia nos anos 80, com vista a resolver os problemas de causalidade em casos de responsabilidade pelo produto [42], onde a identificação do produtor responsável pelo dano era impossível para a vítima. A questão pôs-se, concretamente, perante as acções promovidas por diversas mulheres expostas, no ventre materno, a um conhecido produto farmacêutico (um estrogénio sintético), o «DES» (*diethylstilbestrol*), às quais, após um período de latência de dez a doze anos, foi diagnosticado cancro no ovário. O DES fora produzido e distribuído, nos anos cinquenta e sessenta, por mais de cento e cinquenta empresas farmacêuticas, que utilizavam a mesma fórmula química e comercializavam muitas vezes o produto apenas sob o nome genérico «DES». «Também neste caso a identificação do responsável real era praticamente impossível (...), tendo em conta: o lapso de tempo que decorreu entre a aquisição e o consumo do fármaco por parte da mãe e a proposição [das demandas]; a fórmula substancial idêntica utilizada por todos os produtores na feitura do DES; a inexis-

---

[39] Ou seja, na tradição anglo-americana, compete ao requerente demonstrar, com base num «balanço de probabilidades», que o potencial lesante teve um «contributo material» para o dano ou perda. Note-se, no entanto, – pois que tal relevará para a análise subsequente – que, num caso, a *House of Lords* pareceu admitir a possibilidade de se configurar uma presunção de causalidade no caso de a actividade material do agente ter aumentado o risco de ocorrência do dano (*McGhee v. National Coal Bord*). Cfr. WILDE, *Civil Liability...*, cit., p. 58.

[40] Veja-se, nomeadamente, os emblemáticos casos *Pride of Derby v. British Celanese, Baker v. Willogby Jobling v. Associates Dairies,* entre outros. Sobre os mesmos, cfr. ROLAND PAPPEL, *Civil Liability for Damage caused by Waste,* Schriften zum Umweltrecht, Band 49, Duncker & Humblot, Berlim, 1995, pp. 27 e ss..

[41] Sobre esta, cfr., *v.g.,* SALJE/PETER, *Umwelthaftungsgesetz Kommentar,* Verlag C.H. Beck, München, 2005, p. 107; POSPICH, *Haftung...,* cit., pp. 97 e ss..

[42] Cfr. *supra* n.º 2 o que dissemos a respeito da similitude de problemas na responsabilidade pelo produto e na responsabilidade ambiental.

As Soluções nos Ordenamentos Jurídicos Estrangeiros e na União Europeia   31

tência de qualquer documentação escrita quer dos médicos, quer dos farmacêuticos e mesmo das empresas» [43].

Ora, pela primeira vez no caso *Sindell v. Abbot laboratories* [44], o Supremo Tribunal da Califórnia entendeu que todos os produtores do DES são responsáveis pelos danos causados na proporção das respectivas quotas de mercado, salvo se demonstrarem que são «estranhos» ao facto danoso, optando-se, assim, por uma «quota de *causação* puramente estatística» [45].

Paralelamente, no domínio ambiental, é por vezes defendida uma *pollution-share liability*: sendo impossível demonstrar qual a instalação industrial que concretamente causou o dano, são responsáveis todas as que se apresentam em condições de o ter provocado, na proporção, não já das quotas de mercado, mas das respectivas emissões, sem necessidade de se demonstrar qual a emissão que concretamente conduziu ao dano [46]. Note-se, todavia, que, ao contrário do que por vezes se pretende [47], nem a *market-share liability* nem a *pollution-share liability*

---

[43] Colaço Antunes, «Poluição industrial...», cit., p. 17.

[44] Sobre este, cfr. também, *v.g.,* Calvão da Silva, «Causalidade alternativa (L'arrêt DES)», Separata da ERPL, vol. 2, 1994, pp. 465-469, em especial, p. 467; Teresa Morais Leitão, *Civil Liability...,* cit., p. 45; Hager, «Umweltschäden – ein Prüfstein für die Wandlungs- und Leistungsfähigkeit des Deliktsrecht», NJW, 1986, p. 1967.

[45] Pospich, *Haftung...,* cit., p. 98, que refere também que o Supremo Tribunal de Washington foi mesmo mais longe e assumiu que as quotas de mercado dos diversos produtores eram todas iguais, cabendo a estes demonstrar uma quota inferior.

[46] Cfr., *v.g.,* Hager, «Umweltschäden...», cit., pp. 1966 e 1967.

[47] Reportando-se à *market-share liability,* pergunta, entre nós, Colaço Antunes, «Poluição industrial...», cit., p. 23, se «estas consequências podem considerar-se conformes aos princípios fundamentais do sistema jurídico. Quanto ao primeiro aspecto do problema, que consiste em evitar ao sujeito lesado o ónus de provar o nexo de causalidade entre a actividade da empresa e o evento danoso, [escreve o A. que] não há dúvidas que se move num plano de plena legitimidade. Se é justo que a empresa que assumiu o risco de uma certa actividade responda pelos danos que provocou, é certamente justo, pelas mesmas razões, que o lesado obtenha a compensação de todas as empresas que assumiram aquele risco. Em relação ao segundo aspecto do problema não há dúvidas que se deve afirmar a existência de um válido fundamento jurídico. O fundamento jurídico, neste caso, é aquele em que reside o instituto do seguro. Uma vez que o fim a prosseguir é o ressarcimento do dano, não vemos como se possa negar legitimidade a um seguro voluntário entre as várias empresas que viabilize o mais cómodo cumprimento da obrigação ressarcitória por parte de qualquer uma delas». Conclui o A. que «fica, assim, resolvido o grave problema do nexo causal». Mas acrescenta: «como se nota, com esta elaboração a responsabilidade civil perde as suas tradicionais conotações individualistas para assumir características de tutela de interesses colectivos, que a fazem aproximar do

32 Causalidade e Imputação na Responsabilidade Civil Ambiental

têm fundamento nos princípios do sistema jurídico português, contrariando, de modo manifesto, a fisionomia da responsabilidade civil tal como aqui construída ([48]). Na realidade, ao prescindirem da prova do

---

esquema da responsabilidade administrativa». O Autor diz ainda que «o esquema predisposto pelos tribunais americanos, enquadra-se perfeitamente na acção prevista no art. 52.º/3 da Constituição Portuguesa. Com efeito trata-se de um dano ao ambiente e de uma responsabilidade de carácter público e colectivo».

Salvo o devido respeito, a posição assumida por COLAÇO ANTUNES não pode ser aceite. De acordo com o art. 52.º/3, «é conferido a todos, pessoalmente ou através de associações de defesa dos interesses em causa, o direito de acção popular nos termos e nos casos previstos na lei, incluindo o direito de requerer para o lesado ou lesados a correspondente indemnização, nomeadamente para a) promover a prevenção, a cessação ou a perseguição judicial das infracções contra (…) a preservação do ambiente (…)». Deparamo-nos, tão-somente, com uma regra de *legitimidade*, aplicável (nomeadamente) às acções de responsabilidade. Esta não permite, naturalmente, alterar as regras substantivas em matéria de responsabilidade civil, ou mesmo as exigências probatórias no que toca aos pressupostos da responsabilidade (*maxime,* ao nexo de causalidade). O art. 52.º/3 da CRP confere, simplesmente, a qualquer cidadão legitimidade para requerer indemnização (p.ex.) por danos ecológicos, seja junto dos tribunais judiciais (no caso de lesões perpetradas por entes privados), seja junto dos tribunais administrativos (no caso de lesões levadas a cabo por entidades públicas). Isso mesmo resulta, de resto, do art. 12.º da LAP, bem como das leis processuais civil e administrativa. Deve notar-se, em qualquer caso, que quando se trata de legitimidade de titulares de interesses individualizáveis, a questão não deve colocar-se em termos de acção popular – cfr., a este propósito a crítica de VASCO PEREIRA DA SILVA (*Verde…,* cit., pp. 270 e 271) ao preceito constitucional citado. Como afirma este último A., ob. cit., p. 270, a propósito da «associação da problemática da responsabilidade civil à matéria da acção popular», «as duas figuras são distintas e pouco ou nada têm em comum (no caso da responsabilidade, está em causa o ressarcimento de um dano; no caso da acção popular, está em causa o alargamento do direito de agir em juízo para defesa da legalidade e do interesse público)». Trata-se, pois, de «uma confusão de perspectivas (que deviam ser distintas)», que tem origem na própria formulação do texto constitucional. Quando a Constituição reconhece a legitimidade popular (individual ou associativa) não pretende, pois, alterar – nem altera, de facto – as regras da responsabilidade civil. Nomeadamente, permanecem intocados os respectivos pressupostos. Não significa isto que não se levantem, a outro nível, problemas complexos: pense-se, por exemplo, na questão relativa ao destino da indemnização conseguida do lesante (privado ou público) pelo actor popular? «(…) Não parece fazer muito sentido que ela caiba ao actor popular (que assim "enriqueceria" o seu património "à custa" de uma lesão do ambiente, que afecta toda a comunidade) (…) Faria sentido que a lei estabelecesse uma destinação pública da indemnização (afectando-a, por exemplo, a um fundo para protecção ecológica, ou colocando-a ao serviço da política de ambiente» (VASCO PEREIRA DA SILVA, *Verde…,* cit., p. 271). Seja como for, o que é certo que mesmo ao actor popular é exigido a demonstração de um nexo de causalidade entre facto e dano, não podendo sequer no âmbito do art. 52.º/3 a *market-share* ou a *pollution-share liability* ser aceites.

([48]) Neste sentido, a respeito da *market-share liability theory,* cfr. CALVÃO DA SILVA, «Causalidade…», cit., pp. 467 e ss..

responsável concreto pelo dano, as teorias referidas representam, no fundo, a simples abdicação do requisito do nexo de causalidade, de tal maneira que, através dela, se admite uma condenação com base em «meras especulações» ([49]). Ora, se o figurino essencial da responsabilidade civil no nosso ordenamento é, a nosso ver, compatível com uma atenuação das exigências, materiais e probatórias, ao nível da causalidade – *maxime* por força de outros princípios jurídicos, designadamente com dignidade constitucional (*v.g.*, o princípio da prevenção) –, já não será legítimo transpor para o mesmo soluções que derrogam regras básicas de imputação nele vigentes ([50]). No mesmo sentido se orienta, de resto, a própria Directiva comunitária sobre responsabilidade ambiental que também clarifica, como vimos, a necessidade de identificação concreta do dano, do agente e da imputação do dano ao agente. Em suma, não é por via da aplicação de teoria com sede em sistema jurídico de características bem distintas do nosso, que o problema da causalidade e imputação na responsabilidade ambiental pode ser resolvido. Voltaremos, adiante, a este ponto ([51]).

§ 2.º Os ordenamentos jurídicos continentais

12. Maior interesse prático tem o confronto das soluções que têm sido seguidas em ordenamentos jurídicos mais próximos do nosso.

Na maior parte dos Direitos continentais tem-se, na realidade, consagrado respostas específicas para o problema da causalidade na responsabilidade ambiental. Não sucede isso, todavia, em alguns ordenamentos – tal o caso, *v.g.*, da Dinamarca, onde a Lei de Compensação por Danos ambientais 225/1994 e a Lei de Protecção do Ambiente 358/1991 não contêm quaisquer regras que modifiquem as regras gerais aplicáveis em matéria de causalidade, e ainda os da Itália e Espanha, onde a temática que nos ocupa não tem também alcançado avanços signifi-

---

([49]) POSPICH, *Haftung...*, cit., p. 98.

([50]) De resto, a transposição da *market share liability* para o domínio ambiental é ainda questionável sob outro ponto de vista. É que, enquanto que no caso da responsabilidade pelo produto, todos os produtores fabricavam um produto igual, no que toca à poluição, várias emissões diferentes conjugam-se, podendo inclusivamente acontecer que haja emissões inócuas que, só quando misturadas com outras, produzem um efeito poluente.

([51]) Cfr. *infra* em especial n.º 31.

34   *Causalidade e Imputação na Responsabilidade Civil Ambiental*

cativos ([52]). Nos Países-Baixos, onde não existem igualmente normas especiais aplicáveis, os tribunais têm admitido «facilitações» do ónus da prova em matéria ambiental (entre outras). Como informa Brans ([53]), importante a esse respeito é uma sequência de decisões do Supremo Tribunal, segundo as quais a conexão causal entre o comportamento do agente e o dano deve ser estabelecida quando o comportamento é ilícito, cria ou aumenta o risco do dano e o risco se materializa. O agente pode, no entanto, afastar a presunção, provando o contrário. Estas decisões, surgidas originariamente fora do domínio ambiental, vieram, todavia, a ser transportadas para essa área, em arestos susceptíveis de assumir importante relevo prático ([54]).

No seio dos ordenamentos continentais em que a temática da causalidade é expressamente tratada ao nível legislativo, identificamos dois tipos de soluções: de um lado, temos aqueles ordenamentos que optam pela atenuação do grau ou medida da prova requerida em matéria de causalidade (exigindo-se, tão-só, a probabilidade do nexo causal); de outro lado, encontramos os ordenamentos que seguem a via da inversão do ónus da prova, através da consagração de presunções de causalidade.

Assim, na primeira solução enquadram-se, *v.g.,* os ordenamentos sueco e finlandês. Na Suécia, por exemplo, o parágrafo 4 da Lei de Responsabilidade Civil Ambiental determina que a vítima tem que provar que teve lugar uma emissão e que o dano está relacionado com a mesma; no entanto, no que toca ao grau de prova exigido, é suficiente que a vítima demonstre que a emissão foi a *causa preponderante ou prevalecente do dano, significando isso que deve ser mais provável do que outras causas possíveis.* Também na Finlândia, a secção 3 da Lei de Compensação de Danos Ambientais estabelece que a vítima tem que provar «*a probabilidade de um nexo causal», entendida no sentido de uma verosimilhança superior a 50%,* a qual deve ser determinada tendo em conta a natureza da actividade e o tipo de dano.

([52]) Cfr., a respeito do ordenamento espanhol, uma súmula do respectivo estado legislativo em matéria de responsabilidade civil em «Country Reports», EELR, vol. 10, n.º 11, Novembro 2001, pp. 306-314, em especial, p. 312.

([53]) *Liability for Damage...,* cit., p. 246.

([54]) O Código Civil holandês contém, por outro lado, um conjunto de disposições que podem ajudar a resolver problemas relacionados com a prova da causalidade nos danos ambientais (artigos 6:99, 6:102 BW), conforme explica Brans, *Liability for Damage to Public Natural Resources. Standing, Damage and Damage Assessment,* Kluwer Law International, The Hague-London-New York, 2001, p. 247.

As Soluções nos Ordenamentos Jurídicos Estrangeiros e na União Europeia   35

No que diz respeito aos ordenamentos que seguem a solução da inversão do ónus da prova, encontramos, por exemplo, na Lei de Poluição Norueguesa de 1981 (objecto de posteriores alterações), uma presunção de causalidade que actua no caso de existirem indícios de que poluentes derivados da instalação do agente podem ter causado o dano, seja de modo independente, seja em combinação com outras substâncias. A presunção pode ser afastada pela prova da existência de outra causa que, com maior probabilidade, possa ter originado o dano. Similarmente, na Áustria, a Lei de Responsabilidade Ambiental e a *Atomhaftungsgesetz* de 1999 (Lei de Responsabilidade por Danos Nucleares) contêm presunções ilidíveis de causalidade, que determinam, pois, a inversão do ónus da prova. O mesmo sucede na Alemanha ([55]), com a *Umweltshaftungsgesetz* de 10 de Dezembro de 1990 ([56])([57]). É neste diploma que encontramos a mais completa regulamentação legal em matéria de causalidade, sendo, de resto, no ordenamento alemão que maior profundidade tem alcançado o debate científico sobre a problemática que nos ocupa.

§ 3.º Em especial: a Lei de Responsabilidade Ambiental alemã

13. A *Umwelthaftungsgesetz* estabelece uma responsabilidade objectiva por danos causados a pessoas ou bens *através* do ambiente (os *danos puramente ecológicos* não são cobertos) aplicável no caso das instalações listadas no Anexo 1. Prescinde-se, portanto, da ilicitude e da

---

([55]) Para um panorama geral em matéria de causalidade neste ordenamento, cfr. MAGNUS, «Causation in German Tort Law», *Unification of Tort Law...*, cit., pp. 63-73.

([56]) Antes da entrada em vigor da *UmweltHG*, a água e o solo (danos ecológicos) já se encontravam protegidos por um regime de responsabilidade objectiva, ao contrário dos danos pessoais e na propriedade, que só por recurso à cláusula geral do § 823 do BGB eram ressarcíveis (para uma breve evolução da legiferação alemã em matéria de responsabilidade ambiental, cfr. WAGNER, «Die Aufgaben des Haftungsrechts – eine Untersuchung am Beispiel der Umwelthaftungsrechts-Reform», JZ, 4/1991, pp. 175-183, concretamente pp. 175 e 176). No entanto, no importante *Kupolofenfall,* decidido por sentença de 18/9/1984, o BGH «objectivou» em medida razoável a responsabilidade em matéria de poluição ambiental, invertendo o ónus da prova da ilicitude e da culpa, com o fundamento de que faltava aos requerentes o acesso ao interior das instalações do requerido que lhes permitisse fazer a prova desses elementos. Sobre o caso, cfr. *infra* nota 247. Deve frisar-se que, apesar de frequentemente referida a propósito da causalidade, esta decisão apenas determina a inversão do ónus da prova daqueles dois pressupostos da responsabilidade civil: ilicitude e culpa.

([57]) Sobre todo este ponto, cfr. WILDE, *Civil Liability...,* cit., pp. 235-237.

36 *Causalidade e Imputação na Responsabilidade Civil Ambiental*

culpa, apenas se exigindo, para haver imputação, que os efeitos ambientais gerados sejam causa do dano cujo ressarcimento se pretende.

Ora, norma de importância central na economia do texto legal – e para o nosso trabalho – é a que consta do § 6, que estabelece uma presunção de causalidade [58][59] como forma de resolver as dificuldades de prova nessa área, as quais há muito haviam sido reconhecidas pela doutrina e jurisprudência alemãs como o problema central da responsabilidade civil [60][61].

Dada a relevância que assume o preceito, aqui se transcreve, traduzido:

> «*§ 6.º Presunção de causalidade*
>
> *(1) Se, de acordo com as circunstâncias do caso concreto, uma instalação for apta a causar o dano em causa, presume-se que o dano foi causado por esta instalação. A aptidão para causar o dano num caso concreto determina-se tendo em conta a situação da empresa, o seu modo de funcionamento, a natureza e a concentração dos materiais utilizados e libertados, as condições meteorológicas, o tempo e o lugar em que o dano ocorreu, a natureza do dano, bem como outras condições especiais, que apontem para ou contra a causação do dano.*
>
> *(2) O parágrafo (1) não se aplica se a instalação tiver sido correctamente operada. A instalação considera-se correctamente operada se os deveres especiais de funcionamento tiverem sido cumpridos e não tiver havido nenhuma perturbação do funcionamento.*
>
> *(3) Deveres especiais de funcionamento são aqueles impostos pelas autorizações administrativas e leis reguladoras, na medida em que a respectiva finalidade seja evitar efeitos ambientais que possam ser considerados a causa do dano.*
>
> *(4) Se, para efeitos de supervisão de um dever especial de funcionamento, forem prescritos controlos na licença, em imposições, em regulamentos, em ordens administrativas e em leis, o cumprimento destes deveres de funcionamento presume-se se:*
>
> *1. Os controlos foram feitos durante o período em que o efeito ambiental em causa pode ter partido da instalação, e os mesmos não revelam indícios de uma violação desses deveres, ou*
>
> *2. Ao tempo em que o pedido de indemnização é feito já decorreram mais de dez anos sobre o efeito ambiental em questão».*

---

[58] BARBARA POZZO, «La responsabilità per danni all'ambiente in Germania», Rivista di Diritto Civile, 1991, I, pp. 599-620, concretamente p. 615, fala a este respeito de uma «presunção de culpa». Trata-se de entendimento errado e, em absoluto, incompreensível.

[59] Pormenorizadamente, sobre esta presunção de causalidade, numa perspectiva multidiscplinar, cfr. DÖRNBERG, *Die Kausalitätsvermutung im deutschen Umwelthaftungsrecht. Juristische und ökonomische Analyse,* Peter Lang, Frankfurt am Main, 2002.

[60] Cfr., *v.g.,* a este respeito, SALJE/PETER, *Umwelthaftungsgesetz...,* cit., p. 139.

[61] Para um esquema gráfico da aplicação da lei alemã, cfr. FEES, *Haftungsregeln...,* cit., p. 27.

As Soluções nos Ordenamentos Jurídicos Estrangeiros e na União Europeia 37

Por seu lado, o § 7 dispõe:

> «§ 7. *Afastamento da presunção*
> *(1) Se várias instalações são aptas a causar o dano, não se aplica a presunção, quando outra circunstância, de acordo com a realidade do caso concreto, for adequada a causar o dano. A aptidão para causar o dano num caso concreto afere-se em função do tempo e lugar em que ocorreu o dano, a natureza do dano, bem como todas as outras circunstâncias que apontam para ou contra a causação do dano.*
> *(2) Se apenas uma instalação for apta a causar o dano, a presunção não se aplica se outra circunstância, tendo em conta a realidade do caso concreto, for apta a causar o dano».*

A técnica da presunção como via de solução para os problemas da causalidade no domínio ambiental merecerá atenção mais detida noutra fase do nosso trabalho, designadamente no que toca à legitimidade e conveniência de introdução, entre nós, de regulamentação similar ([62]). Para já, interessa-nos analisar os pontos que maior alcance têm para a presente investigação.

14. Do texto legal acima transcrito resulta que a presunção de causalidade estabelecida na lei de responsabilidade ambiental alemã apenas actua se a vítima for capaz de demonstrar que a instalação é apta, *tendo em conta as circunstâncias do caso concreto*, a causar o dano. A formulação da regra não será totalmente rigorosa. Como aponta Lytras ([63]), a *UmweltHG* apenas abrange os danos a pessoas ou coisas causados através de efeitos ambientais (*Umwelteinwirkungen*), conforme dispõe o § 1. Se assim é, não basta que a instalação seja, por qualquer modo, apta a causar o dano, afigurando-se antes necessário que os *efeitos ambientais* provenientes da instalação sejam aptos a causar o dano. Trata-se de precisão naturalmente evidente no sistema do texto legal alemão e, por essa razão, desnecessária.

O § 6 da *UmweltHG* teve a preocupação de concretizar os elementos a que se há-de atender para aferir da aptidão da instalação para causar o dano: *elementos internos à própria instalação* (o modo de funcionamento, a situação da empresa, a natureza e concentração dos materiais utilizados e libertados), *elementos exteriores à mesma* (condições meteorológicas, tempo e lugar em que o dano ocorreu, natureza do dano)

([62]) Cfr. *infra* n.º 58.
([63]) *Zivilrechtliche...*, cit., p. 468.

38 Causalidade e Imputação na Responsabilidade Civil Ambiental

e ainda outras circunstâncias que apontem para ou contra a causação do dano pela instalação (por exemplo, particularidades técnicas da instalação – obsoleta ou moderna, falhas técnicas, peculiaridades do processo de fabrico, etc. –; a observância ou não de *standards* ambientais públicos ou privados; dados estatísticos que envolvam o efeito ambiental em causa, entre muitos outros factores [64].

Fundamental é notar que o que se exige é uma «aptidão concreta» para causar o dano. A prova de uma mera «aptidão abstracta» não é suficiente para fazer actuar a presunção. Diferentemente, algumas das soluções propostas aquando do processo legislativo, em alternativa àquela que veio a ser consagrada, eram, na realidade, bem mais favoráveis à vítima: veja-se, por exemplo, a proposta do partido ecologista alemão, que apenas exigia, para que a presunção de causalidade actuasse, a demonstração de uma «causalidade abstracta» e com isso de uma aptidão geral da instalação para causar o dano concreto [65].

Para permitir à vítima fazer a demonstração exigida pelo § 6, o § 8 atribui-lhe direito a obter informações do operador da instalação, concretamente a respeito das estruturas utilizadas, da natureza e concentração das substâncias utilizadas ou emitidas, bem como de outros efeitos ambientais provenientes da instalação, e ainda acerca dos deveres especiais de funcionamento atrás referidos. O § 9 da *UmweltHG,* por seu turno, prevê ainda a possibilidade de a vítima pedir informações aos órgãos administrativos que tenham emitido uma licença relativa à instalação, que sejam responsáveis pela fiscalização da instalação ou ainda pela recolha de dados sobre impacto ambiental [66][67].

---

[64] Cfr. Lytras, *Zivilrechtliche Haftung für Umweltschäden*, Schriften zum Bürgerlichen Recht, Band 179, Duncker & Humblot, Berlim, 1995, p. 471; Wiebecke, *Umwelthaftung und Umwelthaftungsrecht,* Deutscher Fachscriften-Verlag, Wiesbaden, 1990, pp. 37 e 38. A exigência da mera susceptibilidade abstracta de causar o dano não é, de resto, o único ponto em que a proposta dos Verdes se apresentava mais favorável à vítima. Na verdade, independentemente da presunção de causalidade, previa-se que a prova da causalidade se considerasse produzida quando existisse uma «probabilidade predominante» da sua verificação (cfr. Wiebecke, *Umwelthaftung...,* cit., p. 37).

[65] Salje/Peter, *Umwelthaftungsgesetz...,* cit., p. 140.

[66] Esta atribuição legal de um direito à informação (pré-processual) à vítima é tanto mais importante quanto a jurisprudência tem rejeitado um dever geral processual de esclarecimento a cargo das partes (*allgemeine prozessuale Aufklärungspflicht der Parteien*) e só admite um direito material à informação ao abrigo do § 242 BGB («o devedor está obrigado a efectuar a prestação de acordo com os requisitos da fidelidade e boa fé, tendo em consideração os usos do tráfico») quando o pedido em causa é certo e apenas está em aberto o conteúdo do mesmo. Cfr. Lytras, *Zivilrechtliche...,* cit., p. 488,

As Soluções nos Ordenamentos Jurídicos Estrangeiros e na União Europeia   39

A referência às «circunstâncias do caso concreto» não constava – sublinhe-se – do projecto originário da *UmweltHG* (*Diskussionsentwurf für ein Umwelthaftungsgesetz,* de 16 de Maio de 1986), tendo sido introduzida posteriormente, no decurso do processo legislativo.

Seja como for, exige-se então à vítima que demonstre que a instalação é apta, *em concreto,* a causar o dano. A presunção de causalidade só actua, portanto, uma vez convencido o juiz da aptidão para causar o

---

e jurisprudência aí citada; cfr. também POSPICH, *Haftung...,* cit., p. 74. No entanto, a efectividade do direito atribuído no § 8 será, em muitas situações, diminuta, uma vez que, para o mesmo ser exercido, se exige que a vítima possua dados que lhe permitam já assumir que foi uma dada instalação que causou o dano. Ora, pode justamente ocorrer que a vítima careça das informações em causa para ser capaz de identificar o potencial lesante. Tal sucederá com razoável plausibilidade no caso, frequente, de causalidade múltipla. Em suma, deveria este direito à informação ser mais amplamente consagrado. Na proposta de lei da responsabilidade ambiental alemã do partido ecologista, o direito à informação surgia, de resto, previsto em termos mais abrangentes, correspondendo à tendência de maior protecção do ambiente e da vítima de danos ambientais (cfr. WIEBECKE, *Umwelthaftung...,* cit., p. 38). Em termos bem diversos, POSPICH, *Haftung...,* cit., pp. 76 e ss., considera que o direito à informação consagrado pela lei alemã põe em causa a necessidade da presunção de causalidade consagrada no § 6. Segundo este A., a vítima obterá, através do exercício do referido direito, os elementos que lhe permitirão fazer a demonstração do nexo causal. O direito à informação cumprirá, pois, segundo esta perspectiva, a mesma finalidade que o legislador pretende obter através da introdução da presunção de causalidade. Ora, afirma POSPISCH que toda a inversão do ónus da prova carece de uma especial justificação, devendo, em geral, a necessidade de prova da vítima ser tomada em consideração. Simplesmente, essa necessidade de prova já seria parcialmente colmatada pelo direito à informação legalmente consagrado, sendo que mesmo o risco de o operador não ter ou não fornecer as informações em causa é atenuado pela previsão legal da possibilidade de dirigir o pedido de informação às autoridades competentes. Se conjugarmos isto com os princípios gerais de repartição do ónus da prova, entende o Autor que parece pelo menos duvidoso que a vítima, que já pôde obter a informação de que necessita, deva ainda ser beneficiada com uma inversão do ónus da prova. POSPICH vai mesmo mais longe, afirmando que os princípios do direito da responsabilidade são postos em causa pela presunção de causalidade: de um lado, o princípio *casum sentit dominus,* que determina que cada um suporta os danos ocorridos na respectiva esfera jurídica, salvo se a lei lhes atribuir direito a agir contra outrem; de outro lado, o princípio segundo o qual cada um só responde pelos prejuízos que causar. Ora, a causalidade, na responsabilidade objectiva (como é a responsabilidade ao abrigo da *UmweltHG*), é o único critério de imputação. Presumir a causalidade significa admitir-se uma responsabilidade fundada em meras suspeitas, pondo, portanto, em causa princípios basilares do sistema civil de responsabilidade. A nosso ver, a argumentação do Autor não é procedente, como veremos na Parte III deste trabalho. Cfr. *infra* n.ºˢ 39 e ss..

(67) Não cominando a lei qualquer consequência específica para a não prestação das informações em causa, a recusa é livremente apreciada pelo tribunal.

40   *Causalidade e Imputação na Responsabilidade Civil Ambiental*

dano *daquela* instalação, funcionando *naqueles* moldes, utilizando e libertando *aqueles* materiais, *naquelas* condições meteorológicas, e *naquelas* circunstâncias de tempo e lugar. Trata-se, bom é de ver, de uma inversão restrita do ónus da prova. Como sistematizadamente aponta LYTRAS, a vítima tem que provar, para lá do dano em si mesmo, que

- o dano foi causado por determinado efeito ambiental e através de certos poluentes;
- esse efeito ambiental emana de uma concreta instalação coberta pela *UmweltHG;*
- que aquele concreto efeito ambiental proveniente da concreta instalação é apto, tendo em conta as circunstâncias do caso, a provocar o dano [68].

Compreende-se facilmente as hesitações em torno desta exigência de demonstração da «aptidão concreta» da instalação para causar o dano: as opiniões dividem-se entre aqueles que louvam a solução legal – a qual permitiria garantir que, apesar do aligeiramento da prova exigida à vítima, a responsabilidade civil por danos ambientais se mantém alicerçada em fundados critérios de imputação –, e aqueles que vêem nesta exigência um excesso, capaz de destruir a própria finalidade da presunção de causalidade.

HAGER [69], por exemplo, afirma que «a necessidade de relacionar o dano sofrido com uma fonte poluente mantém necessariamente o Direito privado da responsabilidade dentro de fronteiras estreitas. Ao mesmo tempo, no entanto, este requisito garante que a responsabilidade ambiental não se transforma numa mera responsabilidade-suspeita». Trata-se, para este A., de regulamentação adequada: responde-se à situação de necessidade de prova em que a vítima se encontra mas, simultaneamente, exige-se que esta esclareça os factos na medida que se afigura razoável e, em princípio, possível [70]. No mesmo sentido, escreve POSPICH: «a causalidade é o único critério de imputação da responsabilidade na responsabilidade pelo risco. (...) Se se presumisse a causalidade geral – independente da concreta instalação – tal conduziria a uma responsabilidade baseada na mera possibilidade da causalidade» [71].

---

    [68] LYTRAS, *Zivilrechtliche...*, cit., pp. 471 e 472.

    [69] «Das neue...», cit., p.137.

    [70] HAGER, «Das neue Umwelthaftungsgesetz, NJW, 1991, Heft 3, pp. 134-143, em especial, p. 138.

    [71] *Haftung...*, cit., p. 77.

As Soluções nos Ordenamentos Jurídicos Estrangeiros e na União Europeia   41

Grande parte da doutrina tem, todavia, dirigido as mais severas críticas à opção do legislador. «Perguntar-se-á com razão [escreve LYTRAS] se esta presunção de causalidade do § 6 (1) ajudará relevantemente a vítima. Se o juiz ficar convencido, depois de uma completa apreciação da prova, que as circunstâncias do caso concreto apontam para a aptidão de determinado efeito ambiental proveniente de uma concreta instalação para causar o dano, então também ficará convencido do carácter causal deste efeito ambiental já que as razões que apontam no sentido contrário não foram consideradas suficientes» ([72]). «A prova da base da presunção do § 6 (1) da *UmweltHG* (aptidão concreta para causar o dano) mal se distingue da prova da concreta conexão causal» ([73]). E isto sobretudo porque este restrito aligeiramento da prova poderia inclusivamente ser alcançado através do Direito probatório comum (livre apreciação da prova, prova de primeira aparência) ([74]). Por isso, utilidade teria apenas uma verdadeira presunção legal de causalidade: a partir, por exemplo, da conexão temporal e espacial com a libertação de determinados poluentes (efeitos ambientais) e da respectiva aptidão geral para provocar determinados danos. Por outras palavras, tudo o que a vítima teria que provar seria, por exemplo, a conexão temporal e espacial entre a libertação de poluentes de determinada instalação e o dano causado – o que constitui exigência bem menor que a formulada pela *UmweltHG* – para além da abstracta aptidão para causar o dano. Se mesmo esta prova não seria fácil

---

([72]) Cfr. LYTRAS, *Zivilrechtliche...*, cit., p. 475, com outras referências bibliográficas.

([73]) LYTRAS, *Zivilrechtliche...*, cit., p. 475.

([74]) A presunção cairá, por isso, segundo alguns, no vazio. O § 6 (1) da *UmweltHG* estaria a «regular algo que já é normal na lei, em termos muito menos ambíguos (...); a previsão da presunção cria a impressão de que algo foi feito no sentido da protecção do ambiente; na verdade, a presunção é dogmaticamente errada e confusa» (DIEDERICHSEN, «Die Haftung für Umweltschäden in Deutschland», Produkthaftung-International 1992, pp. 162-173, *apud* SALJE/PETER, *Umwelthaftungsgesetz...*, cit., p. 139). No mesmo sentido, SCHIMIKOWSKI, *Umwelthaftungsrecht und Umwelthaftpflichtversicherung*, 4.ª ed., VVV Karlsruhe, 1996, p. 104; também GOTTWALD, «Die Schadenzurenchnung nach dem Umwelthaftungsgesetz», Festschrift für Hermann Lange zum 70. Geburstag am 24.1.1992, hrsg. von D. MEDICUS/ H. J. MERTENS, Stuttgart/Berlin/Köln, 1991, pp. 447, 456, 467, *apud* SALJE/PETER, *Umwelthaftungsgesetz...*, cit., p. 139) qualifica a presunção de «disfuncional, supérflua e confusa». Para além disso, acrescenta-se que a presunção fica aquém dos desenvolvimentos que, na jurisprudência, as normas delituais foram alcançando, *v.g.,* no *Kupolofen-fall*. Neste sentido, cfr. SALJE/PETER, *Umwelthaftungsgesetz...*, cit., p. 140 (cfr. *infra* nota 247). Note-se, todavia, que a decisão citada refere-se, como alertámos, a uma inversão jurisdicional do ónus da prova da ilicitude e da culpa: não do nexo de causalidade.

42   *Causalidade e Imputação na Responsabilidade Civil Ambiental*

na prática, boa parte dos riscos do não esclarecimento da situação (*Unaufklärbarkeitrisikos*) ficariam na esfera do lesante [75].

15. Independentemente da questão apontada, a aplicação do § 6 (1) convoca dificuldades específicas, a que importa atender, sobretudo no caso em que se conclua pela conveniência do recurso, entre nós, a uma presunção legal similar à da lei alemã. A elaboração em torno da *UmweltHG,* com mais de década e meia, constitui, na realidade, importante ponto de apoio na tarefa de evitar as dúvidas e corrigir os erros que na mesma têm sido detectados.

Pense-se, desde logo, nos casos em que existem fontes poluentes múltiplas [76]. Poderia duvidar-se que ainda nesta situação actuasse a presunção de causalidade do § 6, pois que, aparentemente, a norma exige que a instalação seja apta a, *por si só*, provocar o dano. Não é assim, todavia. Razões teleológicas e sistemáticas depõem em sentido diverso, como claramente expõe HAGER [77]: sendo estes os casos mais frequentes em matéria ambiental, a própria finalidade da presunção seria destruída se, perante eles, a presunção não fosse aplicável; mais que isso, o § 7 vem excluir a presunção quando várias instalações sejam aptas a causar o dano, mostrando o elemento sistemático que o § 6 é aplicável ainda neste caso. A conclusão referida tem, aliás, merecido apoio quase unânime da doutrina. Trata-se, não obstante, de aspecto que mereceria ser legalmente esclarecido.

16. Outro ponto crítico do regime legal alemão que importa ponderar é a regra do § 6 (2), que faz cessar a presunção de causalidade no caso de a instalação ser correctamente operada, *i.e.*, em conformidade com as normas legais e as imposições administrativas, e sem que tenha

---

[75] Assim LYTRAS, *Zivilrechtliche...,* cit., p. 476.

[76] HAGER, «Das neue...», cit., p. 138, dá o exemplo do conhecido *Wallis-fall,* decidido pelo Supremo Tribunal Suíço: diversas fábricas de alumínio na região do *Wallis* libertavam para o ambiente emissões de flúor; produtores de alperces dessa região, que sofreram perdas nas respectivas culturas, propuseram acções contra os operadores das instalações em causa, pedindo o ressarcimento dos danos sofridos. É seguro, de acordo com dados científicos comprovados, que as emissões de flúor são susceptíveis de produzir um efeito prejudicial sobre os alperces, apesar de outros factores – tais como qualidades genéticas e fisiológicas, bem como efeitos ambientais gerais – também desempenharem aí um papel. Se o caso fosse decidido na Alemanha, deveriam os tribunais considerar a presunção aplicável, pelas razões expostas no texto principal.

[77] «Das neue...», cit., p. 138.

As Soluções nos Ordenamentos Jurídicos Estrangeiros e na União Europeia 43

havido perturbações do funcionamento ([78]). Fala-se comummente a este respeito em *Normalbetrieb*. Na falta de melhor tradução, e por comodidade linguística, recorreremos à expressão «empresa regular».

Apesar de a lei estabelecer uma responsabilidade objectiva, *i.e.* independente de ilicitude e culpa, o cumprimento de deveres de funcionamento (portanto, o funcionamento regular da empresa) determina, como vemos, a insusceptibilidade de aplicação da presunção do § 6 (1). Facilmente se compreenderá as dúvidas suscitadas também a este respeito.

É que, se importa reconhecer uma tendencial correlação entre *violação de deveres de funcionamento* e *efeito ambiental lesivo* e vice-versa, a verdade é que o cumprimento de deveres operacionais não devia – diz-se – afastar a presunção de causalidade: desde que a vítima consiga demonstrar que a instalação é apta a causar o dano (apesar de esta operar conforme ao Direito), não há fundamento para recusar a aplicação da presunção. E se as dificuldades de prova da aptidão para causar o dano são maiores neste caso, não é isso sinónimo de impossibilidade. Basta pensar na hipótese do recurso a novos estudos de risco ([79]). Solução contrária, para além de inconsistente no sistema da *UmweltGH,* significa uma espécie de cristalização da protecção do ambiente nas normas legais e administrativas que impõem determinados deveres de conduta aos operadores das instalações (os chamados *standards* ambientais) ([80]), o que naturalmente não é aceitável, sobretudo se se tiver em conta que os limites poluentes, por exemplo, são frequentemente obsoletos e surgem como resultado de compromissos negociais e políticos ([81]). Mais que isso, apesar de a lei prescindir teoricamente do requisito da ilicitude, a verdade é que, em termos práticos, remete (por esta via) os tribunais para a averiguação do incumprimento de deveres no contexto de um modelo de responsabilidade pelo risco! A ilicitude, entrando «pela porta de trás» ([82]), é então indirectamente erigida em verdadeiro critério de imputação dos danos ambientais, destruindo o próprio sistema global da *UmweltHG.*

([78]) Sobre o conceito de «perturbações do funcionamento» (*Störung des Betriebs*), cfr. *v.g.* SLAJE/PETER, *Umwelthaftungsgesetz...,* cit., pp. 149 e ss..

([79]) Neste sentido, HAGER, «Das neue...», cit., p. 138. Cfr. também em crítica à solução legal, LYTRAS, *Zivilrechtliche...,* cit., pp. 477 e ss..

([80]) O legislador como que assumiria uma suficiente protecção do ambiente estabelecendo as referidas normas.

([81]) Assim, SALJE/PETER, *Umwelthaftungsgesetz...,* cit., p. 149.

([82]) LYTRAS, *Zivilrechtliche...,* cit., p. 479.

44 *Causalidade e Imputação na Responsabilidade Civil Ambiental*

Apesar da dureza das críticas formuladas, nem por isso deixa de haver razões que favorecem a opção legal pela exclusão da presunção de causalidade no caso da «empresa regular». Diz-se, nomeadamente – e isso terá estado subjacente ao pensamento do legislador – que assim se consegue um importante incentivo ao cumprimento dos deveres ambientais associados ao funcionamento da empresa [83].

Adiante tomaremos partido nesta questão: *de lege ferenda,* é decisivo avaliar o sentido a adoptar numa eventual futura legislação sobre responsabilidade ambiental [84].

17. Também o § 7, atrás transcrito, merece cuidada interpretação. Pergunta-se, sobretudo, em face da respectiva redacção [85], quais são as «outras circunstâncias», referidas no texto legal, que permitem afastar a presunção de causalidade. Ora, deve entender-se que nesse conceito cabem circunstâncias neutrais ou irrelevantes em termos de responsabilidade civil, tais como a poluição difusa (*v.g.* elevada concentração de ozono, aquecimento global, etc.) ou efeitos naturais (*v.g.* picos de calor, etc.), para além de instalações não cobertas pela *UmweltHG* [86][87]. Em causa já não poderão estar instalações abrangidas nesta lei de responsabilidade

---

[83] Em defesa da solução legal, com este e outros fundamentos, cfr. POSPICH, *Haftung...,* cit., p. 69.

[84] Cfr. *infra* n.º 58.

[85] Recorde-se que esta afasta a presunção de causalidade: no caso de existirem várias instalações aptas a causar o dano; se houver, em face do caso concreto, outra circunstância apta a causá-lo (n.º 1); e, se apenas uma instalação for apta a causar o dano, também se outra circunstância for apta a causá-lo, tendo em conta o caso concreto (n.º 2).

[86] POSPICH, *Haftung...,* cit., p. 78.

[87] Como explica HAGER, «Das neue...», cit., p. 138, em causa estão instalações que estão cobertas apenas pelas regras gerais de responsabilidade. «Antes devem ser demonstradas circunstâncias neutrais, logo legalmente irrelevantes, como efeitos naturais. Mas também pequenas emissões e emissões-à-distância relevam aqui, já que praticamente não são imputáveis a ninguém». O problema das pequenas emissões (*Kleinemittenten*) tem sido considerado pela doutrina alemã, propondo-se, efectivamente, que a presunção só funcione no caso de um incremento relevante do risco ou, directamente, que não se aplique a estas pequenas emissões. Todavia, não é claro, para alguns Autores, que esta restrição seja compatível com o sistema da lei. POSPICH, *Haftung...,* cit., p. 67, p. ex., escreve que «esta excepção não foi pretendida pela lei. A limitação prevista pelo legislador é apenas obtida através da enumeração das instalações abrangidas, levada a cabo pelo anexo 1, de modo tal que a responsabilidade é limitada a determinadas instalações mas não aos grandes emitentes». Para este Autor, o problema seria antes o de saber se a responsabilidade, no caso de multicausalidade, é conjunta ou solidária, orientando-se aquele, como veremos, no primeiro sentido.

As Soluções nos Ordenamentos Jurídicos Estrangeiros e na União Europeia 45

ambiental, sob pena de se cair num círculo de infundadas exclusões recíprocas.

No que toca à específica relevância destas «outras circunstâncias», deve entender-se que as mesmas permitem afastar a presunção de causalidade apenas na hipótese de serem aptas a causar o dano independentemente das emissões provenientes de uma instalação coberta pela *UmweltHG*. Se, por exemplo, estas emissões e os factores naturais, através da respectiva actuação conjugada, forem aptos a causar o dano, então permanecemos no âmbito de actuação da presunção ([88]).

Nas situações aqui em causa estamos, pois, perante hipóteses de causalidade múltipla (*Multifaktorieller Shadensverursachung*). A esse respeito encontramos um amplo leque de problemas a solucionar, conforme veremos. Não encontramos, todavia, na regulamentação instituída pela *UmweltHG*, soluções específicas para o domínio ambiental, impondo-se, no ordenamento alemão (como se imporá no nosso), o recurso às regras gerais constantes do Código Civil, com eventuais adaptações reclamadas pelos princípios e regras ambientais. Desta problemática ocupar-nos-emos em ponto autónomo ([89]). Para já, retenha-se apenas que, apesar de a formulação do § 6 (1) apontar aparentemente em sentido diverso, a presunção dele constante aplica-se quer a instalação seja apta a, sozinha, causar o dano, quer apenas o seja em conjugação com outros factores ([90]).

Este é, pois, o panorama essencial do regime de responsabilidade civil por danos ambientais vigente na Alemanha ([91]).

([88]) HAGER, «Das neue...», cit., p. 138.

([89]) Cfr. *infra* Parte IV.

([90]) A este respeito, cfr. também SALJE/PETER, *Umwelthaftungsgesetz...*, cit., p. 140; POSPICH, *Haftung...*, cit., pp. 62 e 63.

([91]) Uma nota final, neste âmbito. Em 1997, após cinco anos de trabalho, um conjunto de professores peritos em assuntos ambientais, que haviam sido encarregados pelo Ministro do Ambiente alemão de unificar e harmonizar os diversos ramos do Direito do Ambiente, apresentou um Projecto de Código Ambiental (*Umweltgesetzbuch*). À matéria da responsabilidade civil por danos ambientais era dedicado todo o oitavo capítulo (cfr. uma síntese dos principais aspectos em BARBARA POZZO ZANCHETTA, «The liability problem in modern environmental statutes», ERPL, vol. 4, n.º 2, 1996, pp. 111-144, em especial, p. 139). A regulamentação que se pretendia instituir era muito próxima da *UmweltHG*, sendo que, apesar de existirem diferenças, no que ao nosso tema respeita, encontramos as mesmas presunções de causalidade e as mesmas exclusões das presunções (§ 121), de tal maneira que podemos afirmar que, se o Projecto de Código tivesse logrado obter vigência legal, as soluções em matéria de causalidade não se teriam alterado no ordenamento jurídico alemão.

§ 4.º A União Europeia

18. Ao nível europeu, as iniciativas em matéria de ambiente obtiveram recente expressão, no que aqui releva, na recente Directiva 2004/35/CE do Parlamento Europeu e do Conselho, de 21 de Abril de 2004, relativa à responsabilidade ambiental em termos de prevenção e reparação de danos ambientais.

De acordo com o respectivo artigo 1.º, a Directiva tem por objectivo estabelecer um quadro de responsabilidade ambiental baseado no princípio do «poluidor-pagador», para prevenir e reparar danos ambientais (*rectius*, ecológicos), entendidos estes, nos termos do artigo 2.º, como «danos causados às espécies e habitats naturais protegidos», «danos causados à água», bem como «danos causados ao solo». Trata-se, pois, de evitar e reparar danos ambientais em sentido estrito, *i.e.*, danos causados *no* ambiente – e não danos causados *através* do ambiente [92] –, mais concretamente danos que sejam provocados pelas «actividades ocupacionais enumeradas no Anexo III».

Trata-se de uma responsabilidade com contornos específicos, independente de culpa. Em matéria de causalidade, a Directiva optou por nada dispor, apesar de, no considerando 13, proclamar a importância da demonstração de um «nexo de causalidade entre o dano e o ou os poluidores identificados». Todavia, se a Directiva não impõe, também não obsta à eventual regulamentação legal, não harmonizada, desta matéria nos diversos Estados-membros, se tanto se afigurar necessário aos legisladores nacionais. Entre nós, e como já notámos, a transposição da Directiva comunitária constituirá momento propício à reflexão em torno do tópico, sempre tendo presente que a solução a encontrar em matéria de causalidade não deve, a nosso ver, limitar-se ao âmbito estrito de aplicação da Directiva comunitária, devendo, antes, estender-se a todos os danos ambientais, em sentido amplo. Os valores e interesses a tutelar são, no essencial, os mesmos [93].

19. No Livro Branco sobre Responsabilidade Ambiental de 2000 [94] – surgido na sequência do anterior Livro Verde de 1993 – considerava-se,

---

[92] Na realidade, logo no considerando 14 se dispõe que a Directiva não é aplicável aos casos de danos pessoais, de danos à propriedade privada ou de prejuízo económico, mas não prejudica quaisquer direitos inerentes a danos desse tipo.

[93] Cfr. *infra* n.º 58.

[94] Sobre este, cfr., *v.g.*, EDWARD BRANS, «The EC White Paper on Environmental Liability and the recovery of damages for injury to public natural resources», in BOWMAN/BOYLE,

As Soluções nos Ordenamentos Jurídicos Estrangeiros e na União Europeia 47

embora ainda sem aprofundar o tópico, a possibilidade de se introduzir regras que aligeirassem o ónus da prova em matéria de causalidade. Escrevia-se, concretamente, que «nos processos relativos ao ambiente, o queixoso poderá ter mais dificuldades do que o arguido em provar factos respeitantes à ligação causal (ou à sua ausência) entre uma actividade realizada pelo arguido e os danos ocasionados. Por isso, vários regimes de responsabilidade ambiental nacionais contêm disposições destinadas a aliviar o ónus da prova em relação à culpa ou à causalidade a favor do queixoso. *O regime comunitário também poderá conter uma ou outra forma de alívio do ónus da prova tradicional, permitindo que seja definida com maior precisão numa fase posterior»* [95].

20. Na linha apontada pelo Livro Branco, a proposta originária de Directiva estabelecia, no art. 4.º, n.º 6, que o «requerente deve provar o dano ou as lesões ao ambiente e *a plausibilidade preponderante do nexo de causalidade»* [96]. Na versão inglesa falava-se em *«overwhelming probability of the causal relationship»*, o que correspondia a uma errada tradução da vontade da Comissão, que pretendia antes que a causalidade fosse provada com base num balanço de probabilidades (*«balance of probabilities»*) [97]. Tal limitar-se-ia a confirmar o normal grau de prova em Inglaterra, mas teria reduzido as exigências probatórias noutros ordenamentos, como sucederia no caso português. Não foi esta, porém, a solução por que a Comunidade acabou por enveredar.

21. Exterior à Comunidade, mas com importância nesse âmbito [98] – é a Convenção de Lugano, de 1993. Esta convenção – «Convenção do Conselho da Europa sobre Responsabilidade Civil resultante de Activi-

---

Environmental Damage..., cit., pp. 323-337. De registar que no Livro Branco se admitia o estabelecimento de um regime de responsabilidade ambiental que abrangesse tanto danos ambientais como danos ecológicos. Conforme vimos, não foi essa, todavia, a solução que prevaleceu.

[95] Livro Branco sobre Responsabilidade Ambiental, Bruxelas 9.2.2000 COM (2000) 66 final, p. 19 (itálico nosso).

[96] Itálico nosso.

[97] Cfr. ROLAND PAPPEL, *Civil Liability...*, cit., p. 94.

[98] Até porque a Comunidade poderia optar por aderir à Convenção em vez de elaborar a sua própria proposta. Os artigos 174 (4) e 300 do Tratado de Roma prevêem expressamente a assinatura de acordos com organizações internacionais. A Comissão Europeia chegou, aliás, a defender esta via, devido ao tempo que seria necessário para a Comunidade aprovar uma Directiva sobre a matéria.

dades Perigosas para o Ambiente» – obrigava os signatários a adoptar regimes de responsabilidade objectiva por danos ambientais dotados de determinadas defesas, atribuindo às organizações não governamentais uma legitimidade razoavelmente alargada para propor as acções [99].

No que à matéria da causalidade diz respeito, a Convenção não especifica qual o grau de prova exigido para que se considere estabelecido o nexo causal entre facto e dano, apenas requerendo que determinados riscos sejam considerados pelo tribunal. «Na verdade, a Convenção quase que cria uma presunção de nexo causal (...) facilitando a prova da causalidade ao queixoso», «estabelecendo que os riscos específicos de certa actividade perigosa devem ser devidamente considerados» [100]. Dispõe, na realidade, o artigo 10.º que, «na apreciação da prova do nexo de causalidade entre o incidente e o dano ou, no contexto de uma actividade perigosa tal como definida no artigo 2.º, parágrafo 1, subparágrafo d, entre a actividade e o dano, o tribunal deve tomar em devida conta o aumento do risco de provocar semelhante dano, inerente à actividade perigosa». Esta redacção naturalmente sugere que quando uma instalação seja especialmente apta a causar o tipo de dano em causa, o tribunal deve contentar-se com um nível de prova menos exigente do que no caso em que o dano não é típico da operação em análise. Trata-se, de todo o modo, de uma previsão vaga, que não chega a consubstanciar uma inversão do ónus da prova: a aptidão para causar o dano surge apenas como um dos factores que o tribunal deve ter em conta [101].

---

[99] Aspecto interessante da Convenção é o facto de cobrir os organismos geneticamente modificados.

[100] Cfr. TERESA MORAIS LEITÃO, *Civil Liability...*, cit., p. 108.

[101] Assim, WILDE, *Civil Liability...*, cit., p. 250.

PARTE II

AS TEORIAS DA CAUSALIDADE E DA IMPUTAÇÃO NA RESPONSABILIDADE CIVIL AMBIENTAL

§ 1.º Da causalidade naturalística à causalidade jurídica: aspectos gerais

22. Tarefa importante e primeira – embora frequentemente não encetada – no tratamento do problema da causalidade e imputação dos danos ambientais consiste em testar, nesta área, a aplicabilidade das diversas concepções ou fórmulas sobre o «nexo de causalidade». Constitui este, inelutavelmente, o primeiro passo para a correcta solução, dogmática e prática, dos problemas com que neste âmbito somos confrontados. Com efeito, não é legítimo – e representa um salto metodológico –, perguntar como deve tratar-se a matéria da causalidade na responsabilidade ambiental ao nível da prova sem que antes se investigue o objecto específico da prova: não é possível, por exemplo, discutir o grau ou medida de prova a exigir (*v.g.* uma «probabilidade séria», «predominante», «razoável»; ou a «certeza») sem antes se determinar como deve ser estabelecida a causalidade, do mesmo modo que não é possível ponderar a necessidade de cominar inversões do ónus da prova, sem previamente se saber qual a prova que é reclamada. Por outras palavras, impõe-se, antes de mais, perguntar como se determina o nexo de causalidade ou como se imputam objectivamente os danos ambientais, para só depois se questionar como se configuram, *v.g.*, os problemas do grau de prova ou da repartição do ónus da prova no domínio ambiental.

Poderia naturalmente pretender-se que valem aqui, sem necessidade de mais funda indagação, as conclusões a que em geral se tem chegado a respeito do «nexo de causalidade». Simplesmente, nem essas conclusões são definitivas, nem, sobretudo, podem ser aceites sem mais funda ponderação no âmbito da responsabilidade ambiental: as especificidades atrás apontadas e as prevenções atrás feitas bem o revelam ([102]). Um exer-

---

([102]) Como afirmava HAGER, «Umweltschäden...», cit., pp. 1969 e 1970, os actuais ensinamentos em matéria de causalidade já não são adaptados à elevada complexidade dos problemas da moderna sociedade industrial em variadas áreas. Se nos mantivéssemos absolutamente fiéis a elas, boa parte dos danos ficariam, pois, fora da protecção conferida pela responsabilidade civil.

52 *Causalidade e Imputação na Responsabilidade Civil Ambiental*

cício breve de exposição e análise crítica impõe-se, tanto mais que não faltam vozes a defender vias alternativas de imputação no domínio ambiental ([103]).

23. Desnecessário se torna, de toda a maneira, retomar, neste âmbito, todo o percurso histórico, a que atrás já aludimos, que conduziu à correcção das teorias da causalidade naturalística, ou à sua substituição – parcial – por uma causalidade normativa ([104])([105]).

Falamos, intencionalmente, em *correcção* ou em *substituição (meramente) parcial* da causalidade de carácter naturalístico. Na verdade, ponto de partida da averiguação do nexo de causalidade é, ainda hoje, o critério científico-natural de causa, ainda que restringido ou alterado por força das valorações jurídicas em jogo: tal sucede quer se opte pela via da *adequação,* quer pela via da ponderação *do fim da norma.* Base da imputação é sempre a ideia de *conditio sine qua non.* Faltando esta, falha a causalidade jurídica. A verdadeira aquisição das teorias da causalidade

---

([103]) Cfr. *infra* n.º 32. Exemplo disso seria o recurso a uma causalidade estatística, se encarada como critério autónomo de imputação, e não apenas como elemento indirectamente relevante para a formação da convicção do juiz sobre a existência de nexo de causalidade no caso concreto.

([104]) Muito menos, como é evidente, é necessário ou se pretende dar conta da discussão que se trava nos domínios da ciência natural (ou da filosofia) em torno do conceito de «causa» (sobre o mesmo, incluindo a respectiva evolução histórica, cfr., *v.g.,* FIERRO, *Causalidad e Imputación,* Astrea, Buenos Aires, 2002, pp. 1 e ss.). Por isso, quando no texto falamos em «causalidade naturalística», assente na *conditio sine qua non,* não pretendemos, está claro, tomar partido nesse outro problema. Todavia, é certo que a *conditio sine qua non* constitui um «conceito manifestamente vasado nos moldes das ciências naturais, ao gosto da velha escola positivista, sem menor audiência das finalidades *específicas* do direito, em geral, e do instituto da responsabilidade civil, em particular» (ANTUNES VARELA, *Das Obrigações em Geral,* vol I, 10.ª ed., Almedina, Coimbra, 2000, p. 883). Nessa medida, é legítimo afirmar que a *conditio sine qua non* é, na realidade, uma teoria da causalidade naturalística. Por seu lado, todas as teorias da causalidade em sentido jurídico, que assentam, como veremos, numa selecção, de entre as causas em sentido natural, daquelas que devem ser consideradas juridicamente relevantes, são teorias de base naturalístico--causal: justamente porque supõem o prévio estabelecimento de uma causalidade naturalística (assente na *conditio sine qua non*) entre facto e dano. Só num segundo momento do juízo de imputação é que entram em jogo considerações especificamente jurídicas. Neste sentido – e só neste – falamos, então, em teorias de base naturalista.

([105]) Esse percurso correspondeu, no fundo, do reconhecimento de que «a "imputatio facti" não pode ser considerada por si mas apenas em relação com a "imputatio juris"» (ESSER/SCHMIDT, *Schuldrecht,* Band I, Allgemeiner Teil, C.F. Müller Juristischer Verlag, Heidelberg, 1994, p. 522).

em sentido jurídico é a consagração da inadmissibilidade da afirmação inversa: com a juridificação do conceito de causa, o facto que é *conditio sine qua non* do dano deixa de ser necessariamente sua causa em sentido jurídico, *i.e.*, pode existir causalidade (naturalística) sem haver imputação (jurídica) ([106])([107]).

§ 2.º A teoria da *conditio sine qua non*

24. Era o reconhecimento desse aspecto – *i.e.*, da necessidade de autonomização de uma causalidade em sentido jurídico – que faltava à inicial teoria da *conditio sine qua non* ([108]) tanto no âmbito civil como no âmbito penal. «Surgida no contexto do positivismo naturalístico de oitocentos, tendo sido iniciada por Julius Glaser e desenvolvida por von Buri, respectivamente no 3.º e 4.º quartel do séc. XIX», esta «consistiu na transposição, para o direito, penal e civil, do critério científico-natural de causa. Segundo este critério uma acção seria considerada causa de um resultado sempre que, se não tivesse sido praticada aquela, este, o resultado, não se teria verificado. Portanto, o conceito de causa reconduzia--se ao conceito de *conditio sine qua non*. Traduzindo uma outra expressão latina, a causa da causa é causa do causado (*causa causae est causa causati*); ou seja, se o fenómeno (acção) **x** foi causa do fenómeno (acção) **y,** e se este foi, por sua vez, causa do fenómeno (resultado) **z** então o fenómeno (acção) **x** é também causa do fenómeno (resultado) **z**» ([109]).

As críticas a esta teoria são, hoje, por demais evidentes.

([106]) Avance-se, desde já, que é precisamente esta verificação de que as teorias do nexo de causalidade não se desprendem da ideia de causalidade naturalística que levanta problemas decisivos no domínio ambiental, onde essa causalidade não é, tipicamente, comprovável. Como nota Carneiro da Frada, *Direito...*, cit., p. 101, «o modelo físico--naturalístico tem uma base determinística que coloca dificuldades na resolução de muitos problemas actuais de responsabilidade, em que não é possível (ou dificilmente se pode) estabelecer uma relação inequívoca (desse tipo) entre certo evento responsabilizante e o efeito danoso; os riscos da sociedade pós-industrial multiplicaram-se e os processos causais danosos não são, com enorme frequência, nem singulares nem transparentes».

([107]) Como escreve Antunes Varela, *Das Obrigações...*, cit., p. 889, reportando--se à teoria da causalidade adequada, «que o facto seja *condição* do dano será requisito *necessário*; mas não é requisito *suficiente*, para que possa ser considerado como *causa* desse dano».

([108]) Ainda hoje aplicada nos seus elementos essenciais (embora com precisões e correcções) nos ordenamentos anglo-americanos, através do *but for test*.

([109]) Taipa de Carvalho, *Direito Penal...*, cit., p. 104.

54 Causalidade e Imputação na Responsabilidade Civil Ambiental

Repare-se, desde logo, que apesar de por vezes ser considerada como meio infalível para comprovar o nexo causal, esta teoria nada acrescenta à respectiva investigação. De nada adianta, na realidade, perguntar se, suprimindo mentalmente o facto ([110]), o dano desapareceria, pois que a essa questão só poderemos responder se soubermos de antemão que o facto é a causa do dano. «Numa palavra: a fórmula da supressão mental pressupõe já o que deve averiguar-se mediante a mesma» ([111]).

Além de inútil, esta teoria tende, por outro lado, a induzir em erro, como há muito se vem apontando. Basta pensar no resultado a que seríamos conduzidos nos casos de escola de causalidade «cumulativa» ou «alternativa» – como entre nós têm sido designados ([112]) –, bem como nas situações de causalidade hipotética. Por exemplo: **A** e **B** disparam ao mesmo tempo sobre **C**, sendo mortal qualquer dos tiros; ou **A** e **B** lançam simultaneamente despejos ou substâncias corrosivas numa corrente, provocando a morte de grande quantidade de peixes ([113]); ou ainda, **A** dá veneno mortal a **B**, mas, antes de este produzir efeito, **C** dispara um tiro que mata **B**. Nem a acção de **A** nem a acção de **B**, em qualquer destes casos, foram *conditio sine qua non* da morte de **C**: suprimindo mentalmente uma ou outra acções, nem por isso o dano deixaria de se verificar, levando-nos à conclusão – juridicamente inaceitável – de que nenhum dos agentes é responsável (civil e penalmente). A teoria da *conditio sine qua non* não se mostra, pois, apta a lidar com casos como os descritos. De modo similar, essa fórmula não é apta a resolver aquelas situações em que, em vez de uma acção, nos defrontamos com uma *omissão,* a qual, naturalisticamente, não pode ser considerada *causa* do dano ([114])([115]).

([110]) Como impõe a teoria da *conditio:* o facto considera-se causa do dano se, suprimindo mentalmente o facto, o dano já não ocorresse.

([111]) ROXIN, *Derecho Penal. Parte General* (trad. cast. da 2.ª ed. alemã), Tomo I, Editorial Civitas, Madrid, 1997, p. 350. Como explica o A., reportando-se a um caso concretamente decidido na jurisprudência alemã, se queremos saber se a ingestão de um medicamento ministrado durante a gravidez provocou as malformações dos fetos nascidos subsequentemente, de nada serve suprimir mentalmente o consumo do medicamento e perguntar se, na sua ausência, desapareceria o resultado, pois que a essa pergunta só poderá responder-se se soubermos que o medicamento é causal relativamente às malformações. Ora, é exactamente isto que se pretende descobrir.

([112]) No texto subsequente, utilizamos, todavia, a expressão «causalidade cumulativa» e «causalidade alternativa» em sentido diverso. Cfr. *infra* Parte IV, em geral, e especificamente sobre estas precisões terminológicas, nota 266.

([113]) Cfr. estes exemplos em ANTUNES VARELA, *Das Obrigações...*, cit., p. 884, nota 1.

([114]) Cfr. LYTRAS, *Zivilrechtliche...*, cit., p. 235. Sobre a conduta omissiva e o nexo causal, cfr., *v.g.,* SINISCALCO, "Causalità", *Enciclopedia del Diritto*, vol VI, Giuffrè, 1960,

Finalmente, e sobretudo, reconheceu-se que esta teoria conduzia a um «alargamento excessivo (irrazoável e juridicamente inaceitável) do círculo da imputação do resultado à acção e, portanto, da atribuição do resultado ao agente. Na verdade, pondo de lado a hipótese desta teoria imputar o resultado à mais longínqua condição (os pais responderiam pelos [actos] dos filhos...), o certo – e é esta a crítica mais consistente – é que este critério nivela todas as condições, todas as acções, não permitindo distinguir (*i.e.*, não atribuindo relevância à distinção) entre aquelas que, em termos normativo-jurídicos, devem ser consideradas relevantes (...) e aquelas que devem ser tidas por irrelevantes» ([116]). Assim, por exemplo, ainda no caso dos cursos causais inusuais ou anómalos, a causalidade teria que ser afirmada: configure-se, por hipótese, o caso em que a pessoa ferida ligeiramente é transportada para o hospital em ambulância que se despista, provocando a sua morte; de acordo com a teoria da *conditio sine qua non,* o autor das lesões ligeiras seria responsável pelo resultado morte; ou pense-se também no caso em que **A** incita **B** a dar um passeio, vindo este a ser mortalmente atropelado por **C**: **A** seria responsável pela morte de **B** ([117]).

Claramente se assumiu, portanto, a insuficiência de um critério puramente naturalístico de causalidade, impondo-se a normativização do conceito de causa ([118])([119]).

---

pp. 639-651, concretamente pp. 649 e ss.; FIERRO, *Causalidad...,* cit., p. 341 e ss., em especial 367 e ss..

([115]) Outra crítica formulada à fórmula da *conditio sine qua non* respeita à actuação dos sujeitos que são apenas «participantes» no facto (entendido o termo no sentido da doutrina penal, por contraposição aos «autores» do facto). Esta teoria conduziria, na realidade, a negar a respectiva responsabilidade. Cfr. LYTRAS, *Zivilrechtliche...,* cit., p. 235.

([116]) TAIPA DE CARVALHO, *Direito Penal...,* cit., p. 106, sintetizando a crítica.

([117]) Recorde-se ainda o exemplo clássico – cuja reprodução é supérflua – da venda da vaca pelo comerciante ao lavrador..., construído por POTHIER e tantas vezes reproduzido ou trabalhado pela doutrina posterior. Cfr., por exemplo, MANUEL DE ANDRADE, *Teoria Geral...,* cit., pp. 351 e 352, que descreve ainda outros exemplos significativos.

([118]) Curiosamente, foi no âmbito do Direito civil que maior relevância acabou por assumir o problema. É que a via seguida para se ultrapassar o obstáculo referido consistiria em restringir a imputação através da inexistência de culpa, o que, no âmbito jus--civilístico, era muitas vezes impossível, por existirem casos de responsabilidade pelo risco. Como explica TAIPA DE CARVALHO, *Direito Penal...,* cit., p. 107, «diferentemente do direito penal, nestes casos de responsabilidade civil extra-contratual objectiva, não se podia transferir para a sede da culpa a exclusão daquelas situações em que seria injusto responsabilizar o agente pelos danos ocorridos». Do mesmo modo, escreve MANUEL DE ANDRADE, *Teoria Geral...,* cit., pp. 353 e 354: «os partidários desta teoria [da *conditio sine qua non*] procuram afastar os resultados chocantes a que ela parece realmente

§ 3.º A evolução no sentido da adequação

25. Foi assim com o propósito de evitar as consequências juridicamente inaceitáveis que a teoria da *conditio sine qua non* acarretava que, nos finais do século XIX, VON KRIES desenvolveu a teoria da «condição adequada», a qual, com os aperfeiçoamentos de que posteriormente foi objecto, conheceu, durante anos, larga aceitação entre a doutrina civilista portuguesa ([120]). A mesma está, aliás, subjacente à formulação do art. 563.º CC, que determina que «a obrigação de indemnizar só existe em

---

conduzir, operando com a ideia de culpa. O devedor não responderia se não pelos danos de que tivesse culpa (*i.e.*, que poderia ter previsto) e não por todos os danos causados pelo inadimplemento. Mas, a prescindir de outras considerações, este expediente falha quando e na medida em que a responsabilidade do devedor prescinde de culpa. Assim nos casos de responsabilidade objectiva. Por outro lado, segundo parece concluir-se das normas que responsabilizam pelo fortuito o devedor em mora, a nossa lei não atende à culpa do devedor quando se trata não já de saber se um facto é constitutivo de responsabilidade, mas quais os prejuízos que desse facto resultam. Por isso toda a tendência da doutrina mais recente é no sentido de restringir a noção de causa para o efeito discutido». Acrescenta este Autor que «onde o correctivo da culpa pode ter um importante papel é no direito penal» (nota 2).

([119]) Inaceitáveis são também as teorias da última condição ou da condição eficiente. Cfr., sobre elas, criticamente, *v.g.*, MENEZES LEITÃO, *Direito...*, cit., p. 324. Como escreve PEDRO DE ALBUQUERQUE, *Responsabilidade...*, cit., pp. 145 e 146, «(...) na verdade, não são no nosso direito, admissíveis teorias como a condição essencial, última, mais eficaz ou próxima ou decisiva do dano que reduzem a responsabilidade civil a uma única causa, afastando a mais remota ou centrando-se, exclusivamente, na mais eficaz. Naqueles casos nos quais a condição mais afastada é desconsiderada, isso sucede por razões completamente distintas da circunstância de se ter assistido à intervenção de outra condição. Na base de semelhante solução poderá estar a inexistência de culpa, ou a circunstância de se não estar realmente diante de um comportamento adequado à produção do dano ou a sua exclusão ser imposta pelo fim de protecção da norma».

([120]) A teoria era defendida por MENEZES CORDEIRO, *Direito...*, cit., pp. 336 e ss., com determinadas precisões; cfr. também, ANTUNES VARELA, *Das Obrigações...*, cit., pp. 887 e ss.; PIRES DE LIMA/ANTUNES VARELA, *Código Civil Anotado,* vol. I, 4.ª ed., Coimbra Editora, Coimbra, 1987, pp. 578 e 579; PESSOA JORGE, *Ensaio sobre os Pressupostos da Responsabilidade Civil,* Cadernos de Ciência e Técnica Fiscal, Lisboa, 1972, pp. 392; GALVÃO TELLES, *Direito das Obrigações, 7.ª* ed., Coimbra Editora, Coimbra, 1997, pp. 404 e ss.; ALMEIDA COSTA, *Direito...*, cit., pp. 709 e ss.. A fórmula da adequação é também aplicada, entre nós, na jurisprudência. Também na Alemanha, a teoria exerceu uma forte influência sobre a jurisprudência no âmbito do Direito Civil. Já no Direito Penal isso não sucedeu, só na doutrina tendo encontrado partidários. Cfr. ROXIN, *Derecho Penal...*, cit., p. 359.

relação aos danos que o lesado provavelmente não teria sofrido se não fosse a lesão» ([121])([122]).

Para esta teoria, o dano só é imputável ao agente quando o respectivo facto, para além de ser em concreto *conditio sine qua non* do dano, é, em abstracto, adequado a produzi-lo. Trata-se, no fundo, de eleger, de entre as possíveis acções causais, aquela que, do ponto de vista jurídico, deve ser considerada relevante: daí que também se diga que a teoria da condição é uma *teoria causal*, ao passo que a teoria da adequação é uma *teoria da responsabilidade*, ou dito de modo mais genérico, uma *teoria da relevância jurídica* ([123]).

Através da ideia de adequação (abstracta) alcança-se, pois, a pretendida exclusão de processos causais imprevisíveis, anormais ou «extravagantes», evitando-se também o *regressus ad infinitum* próprio da teoria da *conditio*. Para se aferir do carácter abstractamente adequado do facto a produzir o resultado importa proceder a um *juízo de prognose póstuma* que tem que tomar também em conta os chamados «conhecimentos especiais» do agente: *ex post* (no processo) o juiz deve colocar-se na posição de um observador objectivo que julgue antes do facto e possua os conhecimentos do homem normal do sector do tráfico em causa, acrescidos dos conhecimentos especiais do autor ([124]).

([121]) Cfr., *v.g.*, PIRES DE LIMA/ANTUNES VARELA, *Código Civil...*, p. 578 e 579; GALVÃO TELLES, *Direito...*, cit., pp. 408 e ss.; ALMEIDA COSTA, *Direito...*, cit., pp. 711 e ss.; MENEZES LEITÃO, *Direito...*, cit., p. 326.

([122]) Também é a teoria da adequação que está subjacente ao art. 10.º do Código Penal, segundo o qual «quando um tipo legal compreender um resultado, o facto abrange não só *a acção adequada a produzi-lo* como a omissão da *acção adequada a evitá-lo*». Cfr., a este respeito, TAIPA DE CARVALHO, *Direito Penal...*, cit., p. 108.

([123]) Sobre este ponto, cfr. ROXIN, *Derecho Penal...*, cit., p. 361.

([124]) Como escreve GOMES DA SILVA, *O Dever de Prestar e o Dever de Indemnizar*, vol. I, Lisboa, 1944, p. 154, esta teoria recorre a um «juízo *ex post* – e prognóstico retrospectivo objectivo. Segundo tal opinião, deveria atender-se a todas as condições existentes no momento do facto, mesmo que só posteriormente se tivessem revelado; tomar-se-iam ainda em consideração todas as condições surgidas depois desse momento que, com base nas primeiras e recorrendo-se à experiência comum, fossem de esperar», mas tomando em conta os referidos conhecimentos especiais do agente. «Assim, ocorrendo a morte da vítima, não deixaria de haver causalidade no apontar de uma arma descarregada, ou na ingestão de açúcar, se o agente soubesse ou devesse saber que a vítima tinha uma grave lesão cardíaca, no primeiro caso, ou era diabética, no segundo» (MENEZES LEITÃO, *Direito...*, cit., p. 325, nota 676). Pense-se também no exemplo utilizado, *v.g.*, por ROXIN, *Derecho Penal...*, cit., p. 360: se **A** convence **B** a fazer uma viagem e o avião explode em consequência de uma bomba, **A** não criou uma condição adequada

58 Causalidade e Imputação na Responsabilidade Civil Ambiental

Apresentada pelos seus originários defensores como uma *teoria causal,* ela é, na realidade, uma *teoria da imputação,* como bem tem sublinhado sobretudo a doutrina penal ([125]). Como escreve Roxin, isso significa «que não se diz quando é que uma circunstância é causal relativamente a um resultado, mas antes se procura dar uma resposta à questão de saber que circunstâncias causais são juridicamente relevantes e podem ser imputadas ao agente. E tampouco é um problema puramente terminológico falar-se nos cursos causais inadequados em exclusão da causalidade ou da imputação; pois o entrecruzamento de causalidade e causalidade adequada revelou que se trata de dois passos mentais construídos sucessivamente: no primeiro, verifica-se a existência de um nexo condicional conforme às leis, e no segundo examina-se se esse nexo é [juridicamente] relevante. Por isso a teoria da adequação tampouco é, contra o que inicialmente entendiam os seus partidários, uma alternativa à teoria da equivalência, mas antes seu complemento. É assim também que ela é entendida pelos seus partidários actuais» ([126]).

Regressamos, pois, à nossa observação inicial para comprovar que a teoria da adequação – tal como sucede, como veremos, com a teoria do fim da norma – mais não é do que a correcção dos critérios naturalísticos de causalidade, no sentido da respectiva restrição.

Por isso, para lá das críticas que lhe são em geral dirigidas ([127]), acresce, para o que aqui releva, a insusceptibilidade de obtenção de um

---

à morte de **B,** já que, antes do voo, um observador médio teria considerado o acontecimento completamente improvável. Diferente seria, naturalmente, o caso se **A** soubesse que estava planeado um atentado a esse avião: nesta situação, o resultado já lhe seria imputável.

([125]) Roxin, *Derecho Penal...,* cit., pp. 360 e 361. Escreve, por exemplo, Taipa de Carvalho, *Direito Penal...,* cit,, pp. 108 e 109, que «esta teoria tentou e realizou, legitimamente, a normativização do conceito de causa. Só que – e com isso nada se perdeu pois que um problema normativo, como é o problema da imputação jurídico-penal de um resultado a uma conduta, não pode ser resolvido por um critério das ciências naturais –, ao normativizar o conceito de causalidade, a respectiva teoria, de causalidade só tem o nome. Por isto, a sua designação mais correcta é a de teoria da adequação».

([126]) Roxin, *Derecho Penal...,* cit., pp. 360 e 361.

([127]) Critica-se, sobretudo, o facto de esta remeter, no fundo, para questões de imputação subjectiva, assumindo-se como uma «fórmula vazia» (Menezes Leitão, *A Responsabilidade do Gestor perante o Dono do Negócio no Direito Civil Português,* reimpr., Almedina, Coimbra, 2005, p. 325). Como afirma Menezes Cordeiro, *Da Responsabilidade...,* cit., p. 534, assim entendida, «a fórmula da "adequação" já não é bitola de coisa nenhuma: trata-se, apenas, de um espaço que iremos preenchendo com base no senso comum e em juízos de tipo ético, até que a Ciência do Direito seja capaz de explicar o correcto enquadramento do problema da causalidade ou imputação no domínio ambiental através da teoria da adequação, pois a mesma continua a ater-se à lógica da *conditio sine qua non* como base da imputação e justamente esta não é passível – por impossibilidade subjectiva ou objectiva – de demonstração na responsabilidade civil por danos ambientais ([128]).

§ 4.º A teoria do fim da norma

26. Exactamente com estes mesmos escolhos nos deparamos quando pretendemos imputar os danos ambientais com recurso à, hoje (já) clássica, teoria do fim ou escopo da norma violada (*Normzwecklehre*), segundo a qual devem ser imputados ao agente os danos por este *causados* que correspondam à «frustração das utilidades que a norma visava conferir ao sujeito através do direito subjectivo ou da norma de protecção» ([129]). Nas palavras de MENEZES CORDEIRO, «a causalidade juridicamente relevante verifica-se em relação aos danos causados pelo facto, em termos de *condictio sine qua non*, em bens tutelados pela norma jurídica violada» ([130]). Sinteticamente, demonstrada que esteja a *conditio*, «a questão da determinação do nexo de causalidade acaba por se reduzir a um problema de interpretação do fim específico da norma que serviu de base à imputação dos danos» ([131]).

Fala-se frequentemente também, em termos próximos, em «conexão de ilicitude» (*Rechtswidrigkeitzusammenhang*) ou, designadamente

---

fenómeno». Por outro lado, aponta-se a própria insuficiência da adequação como teoria de imputação, já que se limita a excluir tal imputação nos cursos causais anómalos ou inusuais, deixando de fora outras constelações, sendo as mais importantes aquelas em que a acção é abstractamente adequada a causar o dano, mas a imputação deve ser recusada porque este não corresponde a um bem jurídico tutelado pela norma, ou seja, está fora do escopo da norma violada (Cfr., *v.g.,* ROXIN, *Derecho Penal...,* cit., p. 361).

([128]) Cfr. ainda em geral, a respeito da ideia da adequação, MERTENS, anotação ao § 823, in *Münchener Kommentar zum Bürgerlichen Gesetzbuch,* Band 5, Schuldrecht – Besonderer Teil III, 3.ª ed., München, 1997, que rejeita a necessidade de recurso à fórmula enunciada.

([129]) MENEZES LEITÃO, *Direito...,* cit., p. 326.

([130]) *Da Responsabilidade...*cit, p. 535. A teoria do fim da norma surgiu na doutrina como alternativa à teoria da adequação, tendo a sua origem em RABEL e, depois, em KRAMER. Quanto à possibilidade de aplicação cumulativa das duas teorias, cfr. *infra* n.º 29.

([131]) MENEZES LEITÃO, *Direito...,* cit., p. 326.

60 *Causalidade e Imputação na Responsabilidade Civil Ambiental*

no âmbito penal, numa «teoria da conexão normativa-típica» ([132]). O dano é imputável ao agente se existir um nexo causal efectivo entre a conduta e o dano (*i.e.* se o facto do agente tiver causado o dano) e se, para além disso, existir uma conexão teleológica entre o facto e o dano (*i.e.* se o fim da norma violada pela conduta do agente era o de evitar resultados danosos da espécie do produzido); por outras palavras, exige- -se que o resultado ocorrido seja abrangido pelo âmbito de protecção da norma ([133]).

27. Pressuposto primeiro – costuma afirmar-se – do recurso a esta teoria é a ilicitude do facto ou o «desvalor da acção» ([134]). Faltando aquele, prejudicada ficaria a imputação do dano ao agente. Ora, semelhante conclusão constituiria clara restrição à operatividade da doutrina do fim da norma no Direito do Ambiente. Sem prejuízo de à responsabilidade subjectiva caber aqui importante papel, o lugar central na tutela jurídica do Ambiente tenderá a ser ocupado pelas previsões de risco. Assim sendo, a aceitarmos a necessária ilicitude do facto para o funcionamento da *Normzwecklehre*, importaria reconhecer que sempre ficaria em aberto o problema no que respeita à responsabilidade objectiva. Simplesmente, esta necessária restrição da teoria do fim da norma ao campo da respon- sabilidade por facto ilícito e culposo não é – bem longe disso – indis- cutível. MENEZES CORDEIRO, por exemplo, admite – como já vimos – que aquela «cobriria bem a imputação objectiva; seria, mesmo, a única forma de, aí, determinar a causalidade» ([135]). Nada parece, com efeito, obstar à relevância do «escopo da norma» no caso das previsões de risco.

([132]) TAIPA DE CARVALHO, *Direito Penal...,* cit., p. 121. Explica o Autor que «a ideia fundamental da teoria da conexão normativa-típica (…) é esta: só deve imputar-se um resultado típico a uma conduta típica quando entre ambos existir uma conexão típica. *I.e.,* só se afirma a imputação do resultado à conduta (acção ou omissão), quando a acção desvaliosa aparece, no tipo legal, em conexão com o resultado produzido, resultado que precisamente o tipo legal visava evitar. Logo, é *indispensável a interpretação teleológica do tipo em causa».*

([133]) Cfr. a explicação muito clara, apesar de no âmbito penal, de TAIPA DE CARVA- LHO, *Direito Penal...,* cit., pp. 122 e 123.

([134]) Importando para esta área o conceito, expressivo, tipicamente de Direito penal. Cfr., neste último âmbito, TAIPA DE CARVALHO, *Direito Penal...,* cit., p. 121.

([135]) MENEZES CORDEIRO, *Da Responsabilidade...,* cit., p. 539, apreciando as críticas que foram formuladas a GOMES DA SILVA (cfr *infra* nota 138 a posição deste A.) segundo as quais a teoria em causa teria o seu âmbito de aplicação limitado à responsabilidade por factos ilícitos e culposos. De resto, tanto essas críticas não eram fundadas que é o próprio A., *O Dever...,* cit., p. 231, que escreve que «nas hipóteses de responsabilidade

As Teorias da Causalidade e da Imputação na Responsabilidade Civil Ambiental 61

28. Seja como for, ainda que se ultrapasse este obstáculo, a suscep-tibilidade de resolução dos problemas de causalidade nos danos ambientais através da doutrina aqui em análise deve ser negada ([136]). Do que dissemos resulta, na realidade (à semelhança do que vimos a propó-sito da teoria da adequação), que aquela funciona com recurso a um raciocínio em dois tempos: num primeiro momento, pergunta-se se o facto é causa do dano (*conditio sine qua non* ou causalidade em sentido naturalístico); num segundo momento, e em caso de resposta afirmativa à primeira questão, procura determinar-se se o dano corresponde às posições jurídicas garantidas pelas normas violadas, ou seja, se é um dano que a norma legal visava evitar. Por assentar na *conditio sine qua non,* deparamo-nos, então, aqui, com dificuldades idênticas àquelas que atrás identificámos. Com isso não pretendemos – alerte-se – negar a ope-ratividade desta teoria em geral: partindo de uma causalidade naturalís-tica, ela cumpre bem (por regra) a finalidade de restrição da responsa-bilidade através da selecção das causas relevantes do ponto de vista jurídico. Por esse motivo, ela é, de resto, aceite pela generalidade dos obrigacionistas alemães ([137]), obtendo também apoios crescentes na dou-trina portuguesa ([138]). Simplesmente veremos que a mesma falha quando aplicada ao campo jus-ambiental.

---

objectiva, verificar-se-á se o dano foi devido a algum facto a que a lei atribui, objectiva-mente, o efeito de gerar a responsabilidade», explicitando ainda (ob. cit., p. 234) que «na responsabilidade baseada no perigo próprio a certas actividades, não é suficiente para dar lugar à indemnização a circunstância de uma dessas actividades ser condição necessária de um dano; é indispensável, ainda, que ela o tenha produzido por aquele processo em atenção ao qual o legislador entendeu que ela envolvia o perigo de produzir o mesmo dano».

([136]) Aliás, podemos ir mais longe e afirmar, em termos gerais, com CARNEIRO DA FRADA, *Direito...,* cit., p. 101, que se exagera a importância desta doutrina. Com perspec-tiva diferente, cfr. MENEZES CORDEIRO, «Tutela...», cit., p. 390, que aponta as vantagens da doutrina do fim da norma no campo especificamente jus-ambiental.

([137]) Cfr. AA. citados *apud* MENEZES CORDEIRO, *Da Responsabilidade...,* cit., pp. 537 e ss..

([138]) A teoria do fim da norma é defendida, entre nós, *v.g.,* por MENEZES CORDEIRO, *Da Responsabilidade...,* cit., pp. 532 e ss.; MENEZES LEITÃO, *A Responsabilidade...,* cit., pp. 281 e ss.; SINDE MONTEIRO, *Responsabilidade por Conselhos, Recomendações e Infor-mações,* Almedina, Coimbra, 1989, pp. 269 e ss.. Já anteriormente, GOMES DA SILVA, *O Dever...,* cit., pp. 231 e ss., em especial p. 233, escrevia: «nisto consiste o nexo de causalidade: um facto diz-se causa dum dano, para efeitos de responsabilidade civil, quando o produz pela forma que a lei tinha em vista ao considerar os factos da mesma espécie fontes de respon-sabilidade civil. Tudo está em interpretar a lei, determinando qual a razão de ser da respon-sabilidade e em averiguar depois se o processo pelo qual um facto produziu certo dano

29. Chame-se, para já, a atenção para a ideia, por vezes defendida, segundo a qual as teorias do fim da norma e da adequação podem obter aplicação cumulativa enquanto critérios de imputação, de forma tal que seria desnecessário o confronto das vantagens e inconvenientes de uma e outra ([139]). Esta concepção deve, não obstante, ser encarada com cautela. Escreve, por exemplo, SINDE MONTEIRO que «os critérios são intimamente aparentados e conduzirão na esmagadora maioria dos casos a conclusões idênticas: se o evento danoso se verifica fora de toda a probabilidade, quase sempre (mas não sempre) se não conta entre os que a norma de conduta violada queria prevenir e, ao invés, se os danos caem fora do fim de protecção, ficam não raro fora dos limites da adequação. Como nenhuma das teorias exclui a outra, mas antes procuram alcançar uma delimitação materialmente adequada do dano a partir de pontos de vista diferentes, parece razoável, em tese geral, a utilização, um ao lado do outro, de ambos os critérios» ([140]). Não obstante, não é para nós claro que em causa esteja uma aplicação cumulativa das duas teorias. O que pode, seguramente, dizer-se, com PEDRO DE ALBUQUERQUE, é que, mesmo recorrendo à teoria do fim da norma, «a adequação continuará a ter relevância no pré-entendimento dos problemas e na interpretação das normas violadas» ([141]). Na verdade, a interpretação da norma jurídica sempre permitirá revelar que não estão cobertos pelo fim da norma danos abstractamente não passíveis de serem causados pelo comportamento do agente, pelo que rigorosamente não se verifica uma cumulativa aplicação das fórmulas referidas, antes se afirmando a relevância da ideia de adequação enquanto directriz interpretativa da norma. Recorrendo às palavras de GOMES DA SILVA, «se a norma se propõe produzir ou evitar certo evento, não faria sentido proibir ou ordenar um comportamento que, na ocasião em que é observado, não tem capacidade para produzir o mesmo evento» ([142]).

---

corresponde ao fundamento da mesma responsabilidade. Se a lei liga a obrigação de indemnizar a determinado facto, procede assim por entender que ele tem certa aptidão para produzir danos, e por isso é necessário averiguar, nos casos concretos, se eles se produziram pelo modo por que, no espírito da lei, o mesmo facto lhes podia dar origem».

([139]) Especificamente a propósito da imputação dos danos ambientais, cfr., *v.g.*, POSPICH, *Haftung...*, cit., pp. 89 e 90.

([140]) *Responsabilidade...*, cit., p. 270.

([141]) *Responsabilidade Processual por Litigância de Má Fé, Abuso de Direito e Responsabilidade Civil em virtude de Actos praticados no Processo*, Almedina, Coimbra, 2006, p. 150.

([142]) *O Dever...*, cit., p. 163.

As Teorias da Causalidade e da Imputação na Responsabilidade Civil Ambiental 63

30. Voltando ao problema que directamente nos ocupa, cumpre, então, notar – em jeito de síntese – que, se nas situações clássicas de responsabilidade civil podemos admitir que são alcançados resultados (em boa medida) satisfatórios através da doutrina do escopo da norma, já isso não sucede, como temos dito, no âmbito em que nos movemos. Na realidade, no Direito do Ambiente não se pretende restringir a causalidade naturalística: procura-se, bem ao contrário, encontrar vias de imputação do dano ao agente ali onde a demonstração da *conditio sine qua non* se assume (objectiva ou subjectivamente) impossível. Por isso, a tentativa de resolução dos específicos problemas de imputação na responsabilidade ambiental não pode também passar pela teoria do fim da norma violada, que viria aqui cumprir uma finalidade de restringir uma causalidade naturalística que, na larga maioria dos casos, não pode sequer ser demonstrada e cuja prova, por essa razão, não é legítimo exigir à vítima. A valia deste critério de imputação na responsabilidade ambiental deve, em suma, ser negada.

§ 5.º Rejeição geral das teorias de imputação de base naturalístico-causal

31. Podemos, pois, a partir das considerações até aqui tecidas, assentar numa premissa (negativa) essencial em que há-de fundar-se o trabalho de construção de uma teoria juridicamente operativa de imputação dos danos ambientais: a insusceptibilidade de tomar como base de imputação uma causalidade naturalística ([143]). Se reconhecemos, de antemão e abstractamente, a insusceptibilidade de demonstração da causalidade (em sentido natural) nos casos-tipo de danos ambientais, insistir numa defesa da causalidade como critério-base de imputação é destruir

---

([143]) Note-se que mesmo a teoria do fim da norma toma como base de imputação uma causalidade naturalística. Referindo-se aos primeiros passos que haveriam de conduzir à construção dessa fórmula, escreve GOMES DA SILVA, *O Dever...,* cit., p. 157 que «modernamente alguns autores, abandonando a errónea posição das teorias que acabámos de resumir [*maxime,* teoria da última condição, da condição eficiente, da adequação], têm tentado resolver o problema da causalidade em bases essencialmente jurídicas». Todavia, mesmo a teoria em causa, que é verdadeiramente uma teoria da causalidade jurídica (*rectius,* da imputação), assenta, repetimos, na causalidade naturalística, assente na fórmula da *conditio.* Normativiza-se, seguramente, a causalidade, mas esse juízo normativo constitui apenas o segundo passo do raciocínio de imputação.

64   *Causalidade e Imputação na Responsabilidade Civil Ambiental*

antecipadamente a própria protecção jurídica conferida pelo instituto da responsabilidade no âmbito em estudo, ou chegar (também aqui) a uma teoria de imputação que mais não seria que mera fórmula de enquadramento vazia. Tal sucederia, nomeadamente, se optássemos por resolver o problema do ponto de vista estritamente probatório, abdicando deste primeiro passo da análise, que empreendemos.

Recorde-se quanto antes dissemos a esse propósito: não pode prescindir-se da definição do modo de imputar os danos e deslocar-se o problema para o âmbito exclusivo da prova, pois que há que definir *o que provar* antes de se discutir *quando e como se há-de tomar por provado o facto* (*in casu,* o nexo causal). Pretender, na verdade, que a imputação dos danos ambientais se processe nos moldes clássicos da teoria da adequação ou da teoria do fim da norma, e que o problema se resolva pela via probatória apenas, é defender uma teoria de imputação óbvia e consabidamente cindida da realidade dos factos, insusceptível, já à partida, de comprovação concreta e condenada, por isso, a não ultrapassar o exacto estádio de uma *«teoria»* da imputação, que, porque exasperadamente teórica, se torna objectivamente insusceptível de aplicação prática. O resultado afigura-se inaceitável. Visam naturalmente as várias teorias da imputação, doutrinária ou jurisprudencialmente construídas, funcionar como instrumentos aptos a facilitar a tarefa do jurista-aplicador no momento do confronto com o problema concreto. Ora, se é irrealista – reconhecemos – qualquer tentativa de resolução do problema da imputação na responsabilidade ambiental pela exclusiva via da construção de uma teoria de imputação, abdicando de uma ponderação ao nível da prova, certo é também que as regras de prova só podem actuar – como temos vindo a repetir – uma vez definido o respectivo objecto, *in casu* uma vez descoberto o modo de imputar os danos ambientais ao agente.

§ 6.º Outros critérios de imputação defendidos no domínio ambiental

32. Recusada qualquer teoria que assente numa causalidade naturalística, impõe-se perguntar se outras vias que têm sido trilhadas, de modo mais ou menos aprofundado, facultam a resolução ou, pelo menos, adequado enquadramento para os problemas da imputação dos danos ambientais. A resposta é, em geral, negativa. São de rejeitar vias como a já aludida *pollution share liability* – que, para além de duvidosa no seu ordenamento de origem, questiona frontalmente princípios basilares do nosso sistema jurídico, não se configurando mesmo como verdadeira

As Teorias da Causalidade e da Imputação na Responsabilidade Civil Ambiental   65

fórmula de imputação ([144]) –, ou a ideia de uma «causalidade pragmática» ([145]) ou ainda de uma adequação económica (*ökonomischen Adäquanz*) ([146]), ambas fórmulas sem real consistência jurídica. Também a «causalidade estatística» ([147]) não pode ser havida como critério de imputação: sem prejuízo da relevância das regras estatísticas para a formação da convicção do julgador ([148]), não pode aceitar-se aquela como critério imediato ou autónomo de averiguação do nexo causal. Pense-se na ilegítima afirmação, em que esse critério se traduziria, segundo a qual, por exemplo, «a instalação **A** causou o dano **x** porque estatisticamente as instalações do tipo **A** causam danos do tipo **x**». Seria patente a brecha, infundada, que se introduziria no nosso sistema jurídico, desde logo porque a estatística é falaciosa, falhando frequentemente em face do caso concreto com o qual temos que trabalhar, pois que «questionada é sempre a causa do *concreto* evento» ([149])([150]). Portanto, a relevância que se lhe deve atribuir não é directa ou autónoma mas apenas indirecta e conjugada com os demais factores em jogo ([151]).

([144]) Cfr. *supra* n.º 11. A *pollution share liability* nem mesmo supõe a concreta imputação do dano ao agente. Havendo um conjunto de potenciais lesantes e não sendo possível determinar-se quem causou o dano concreto, este é imputado a todos, através de uma repartição *pro quota*. Não se trata, como é claro, de determinar um nexo causal entre facto e dano.

([145]) LYTRAS, *Zivilrechtliche...,* cit., pp. 238 e ss. defende uma explicação pragmática da conexão causal, no núcleo da qual estão os conhecimentos empíricos das pessoas acerca das leis naturais. Bem se compreende que, contrariamente ao que pretende o A., a tentativa de explicar pragmaticamente as leis naturais na responsabilidade ambiental nada resolve. Trata-se de fórmula vaga, a rejeitar.

([146]) Cfr. sobre a imputação de acordo com a adequação económica, LYTRAS, *Zivilrechtliche...,* cit., pp. 258 e ss.

([147]) A causalidade estatística, como escreve MENEZES CORDEIRO, «Tutela...», cit., p. 390, é aquela que «saltando por cima da própria *conditio sine qua non* se torna aparente, afinal, num conjunto alargado de factos incolores, quando isoladamente tomados». «Por exemplo: se emissões radioactivas fazem aumentar o número de cancros em certa região, o agente é responsável ainda que não possa, concretamente, dizer que um certo cancro não surgiria, se não fosse a radiação» (p. 395, nota 33).

([148]) Inclusivamente através da prova *prima facie* ou prova de primeira aparência. Cfr. *infra* n.º 41.

([149]) LYTRAS, *Zivilrechtliche...,* cit., p. 233.

([150]) MEDICUS, «Zivilrecht und Umweltschutz», JZ 17/1986, pp. 778-785, especialmente p. 781, considera que uma responsabilidade fundada estatisticamente se justifica mais facilmente, do ponto de vista prático e dogmático, se se tratar de um largo número de vítimas, cujas diferenças individuais no conjunto são canceladas.

([151]) O que não significa que a estatística não tenha um papel acrescido no domínio jus-ambiental, como bem se compreende.

§ 7.º Da revisão dogmática da base da imputação dos danos ambientais: a imputação com recurso à ideia de risco: a «conexão de risco»

33. Se as referidas vias de solução do problema da imputação não são satisfatórias, num ponto pelo menos tendem, em geral, a afigurar-se acertadas: concretamente, no reconhecimento (as mais das vezes implícito) da necessidade de saltar por cima da própria *conditio sine qua non* ([152]), abdicando de uma causalidade naturalística, aceite, até aqui, como base universal das principais teorias da imputação (*maxime*, das teorias da adequação e do fim da norma). Em ambas estas teorias – recorde-se – se parte da *conditio* e se restringe, num segundo momento, os danos indemnizáveis (seja através da lógica da adequação, seja através da interpretação teleológica da norma violada). Ora, assentámos já na insusceptibilidade de se insistir numa causalidade naturalística como base da imputação. Afirmámos, consequentemente, o imperativo de, nos danos ambientais, ao invés de procurarmos *corrigir* a *conditio sine qua non,* substituirmos essa fórmula por distinto critério-base de imputação. Não pode, com efeito, – novamente insistimos – defender-se um critério de imputação reconhecidamente impraticável, sem operatividade, como não pode simplesmente remeter-se a questão para a área da prova, não obstante a importância que esta dimensão problemática inegavelmente assume. Em suma, reclama-se a revisão dogmática da base da imputação.

Somos, assim, levados, no âmbito da responsabilidade civil ambiental, a perguntar que critério de imputação, alternativo às teorias de imputação de base naturalístico-causal, pode cumprir as mesmas finalidades, acima de tudo garantísticas ([153]), que à *conditio* são, em geral, cometidas ([154]).

([152]) A expressão, recorde-se, é de MENEZES CORDEIRO, a propósito da «causalidade estatística» (cfr. *supra* nota 147).

([153]) «Garantísticas», no sentido, antes de mais, de fundamente limitativas da responsabilidade.

([154]) Recorde-se que, na origem, a teoria da *conditio sine qua non* surgiu como restrição da causalidade, tal como até então definida. Como escreve ANTUNES VARELA, *Das Obrigações...,* cit., p. 882, «esta equiparação da *causa* (jurídica) a toda a *condição* s.q.n. do dano representa já, sem dúvida, um progresso na selecção dos danos sobrevindos ao facto constitutivo de responsabilidade. É um avanço sobre o critério puramente empírico do *post hoc ergo propter hoc.* Limitando a obrigação de indemnizar aos danos em cujo processo de *causalidade* interfere esse facto e, dentre esses, àqueles que não se verificariam sem tal facto, a noção de *causa* assente sobre a *equivalência* das múltiplas *condições* do dano afasta já do âmbito da indemnização múltiplos prejuízos temporalmente sobrevindos ao lesado, que seria injusto pôr a cargo de outrem».

34. Todo o critério de imputação deve, quanto a nós, cumprir dois requisitos para ser juridicamente válido e para poder, enquanto tal, ser aceite. Em primeiro lugar, deve ser valorativamente adequado, *maxime* deve cumprir a finalidade de selecção dos danos a atribuir ao agente, limitando a respectiva responsabilidade, sem o que se abriria injustificada excepção na regra *casum sentit dominus* ([155]) e se poria em causa a própria função de *fundamento e fronteira da responsabilidade* que atribuímos, logo no início da nossa análise ([156])([157]), ao nexo de causalidade.

([155]) Como escreve GOMES DA SILVA, *O Dever...*, cit., p. 167, «a tal princípio [*res perit domino*] faz excepção o instituto da responsabilidade civil, pois lança sobre pessoas distintas dos donos dos bens jurídicos lesados o dever de os repor na situação anterior. Alguma razão há-de existir, contudo, para essa derrogação do princípio geral e, sobretudo, alguma relação se há-de descobrir entre o dano e o responsável, que fundamente atribuir-se a este, que até então pode ter sido estranho ao bem danificado, as consequências do evento prejudicial. É esta relação, à qual demos o nome de «nexo de imputação», exactamente por se estribar nela essa atribuição do dano ao responsável, que pretendemos versar neste lugar».

([156]) Como referem ESSER/SCHIMDT, *Schuldrecht...*, cit., pp. 521 e 522, o nexo causal é «factor positivo de imputação», mas desempenha ao mesmo tempo uma «função de delimitação negativa».

([157]) Cfr. supra n.º 1. Note-se que não distinguimos, na nossa análise, ao contrário de alguma doutrina (sobretudo) germânica, entre uma «causalidade constitutiva ou fundadora da responsabilidade» (*haftungsbegründenden Kausalität*) e uma causalidade delimitadora do âmbito dos danos causados (*haftungsausfüllenden Kausalität*), às quais a mesma doutrina aplica, respectivamente, os §§ 286 ou 287 ZPO. Este entendimento dualista é referido, entre nós, *v.g.*, por SINDE MONTEIRO, *Responsabilidade...*, cit., p. 270 (que considera a distinção «fundamental») e por CARNEIRO DA FRADA, *Contrato...*, cit., p. 193, *Direito...*, cit., p. 80 (quanto à *haftungsbegründenden Kausalität*) e p. 100 [quanto à *haftungsausfüllenden Kausalität*, que o A. define como «o nexo causal que tem que interceder entre o facto responsabilizante (que preenche a situação de responsabilidade e se há-de poder imputar a um certo sujeito) e os prejuízos que surgem na esfera jurídica de outrem]. Chamando, todavia, a atenção para que «esta distinção não se mostra isenta de críticas no próprio espaço em que foi formulada», cfr. PEDRO DE ALBUQUERQUE, *Responsabilidade...*, cit., p. 143, nota 426.

No âmbito específico da responsabilidade civil ambiental, identificamos frequentemente, no ordenamento jurídico alemão, o recurso a esta classificação de causalidade, com diferenciações específicas. Assim, por exemplo, SALJE/PETER, *Umwelthaftungsgesetz...*, cit., pp. 103 e ss., distinguem, dentro da *haftungsbegründenden Kausalität*, cuja prova competirá à vítima nos termos do § 286 ZPO (com os alívios de prova eventualmente existentes e, nomeadamente, com possibilidade de recurso ao § 6 da *UmweltHG*), uma «causalidade-efeito» (*Einwirkungskausalität*) e uma «causalidade-lesão» (*Verletzungskausalität*). No primeiro caso, trata-se da causalidade entre o operar da instalação e o concreto efeito ambiental lesivo que ocorreu. Está em causa, antes de mais, um processo técnico-científico que se inicia no interior da instalação e que, por essa razão, é inacessível para

68 Causalidade e Imputação na Responsabilidade Civil Ambiental

Seriam, assim, as próprias exigências de certeza e segurança jurídicas quanto à distribuição dos riscos em sociedade que seriam afectadas. Deve igualmente esse critério, no que concretamente nos interessa, ser conformado também em função das exigências da tutela ambiental

a vítima. Para fazer face à situação de necessidade de prova em que a vítima se encontra, o legislador consagrou a referida presunção de causalidade no § 6 da *UmweltHG,* bastando à vítima demonstrar a susceptibilidade de lesão. No segundo caso («causalidade-lesão»), trata-se da relação causal entre o efeito ambiental (causado pela instalação) e a lesão do bem jurídico protegido. Aqui, a presunção de causalidade e a pretensão de informação consagradas na lei alemã (cfr. *supra* n.ºˢ 13 e ss.) são relativamente insuficientes.

Esta mesma distinção é levada a cabo, com terminologia diversa, por MICHALSKI, «Das Umwelthaftungsgesetz», Jura, 1995, pp. 617-624, em especial p. 621, para quem, no âmbito da *haftungsbegründenden Kausalität,* cumpre separar a *Emissionskausalität* e a *Imissionskausalität*: a primeira trata de saber se determinado efeito ambiental teve origem numa instalação; na segunda, está em causa aferir se esse efeito ambiental provocou a lesão do bem jurídico.

Classificação diferente é enunciada por DIEDERICHSEN, in MARBURGER/HERMANN, *Zur Verteilung der Darlegungs- und Beweislast bei der Haftung für Umweltschäden –* BGHZ92, 143, JuS, 1986, 354 ff, *apud* LYTRAS, *Zivilrechtliche...,* cit., p. 248, que separa a *Kausakitätseignung (i.e.,* a aptidão da instalação para causar o dano concreto ocorrido), a *Initialkausalität* (que significa que, no funcionamento da instalação do demandado, devem ocorrer emissões que possam ser causais relativamente ao dano) e a *Grundkausalität* (as emissões da instalação efectivamente são causa da lesão sofrida pela vítima).

No que se refere agora ao âmbito da chamada *haftungsausfüllenden Kausalität,* os AA. citados ponderam, nomeadamente, o problema – muito interessante – da ressarcibilidade dos danos económicos puros (ou danos pura, primária ou meramente patrimoniais): trata-se daqueles danos que alguém sofre independentemente da prévia violação de um direito subjectivo de carácter absoluto. Tal questão – cujo ponto de partida é a inexistência de um direito subjectivo ao património, que torna estes danos em princípio não ressarcíveis – é especificamente tratada, entre nós, a respeito da responsabilidade por dano ambiental, por SINDE MONTEIRO, «A protecção...», cit., pp. 133-156. O problema não é objecto do nosso estudo. Chama-se, todavia, a atenção para a necessidade de delimitar os danos que são verdadeiras *pure economic losses* e os danos que estão ainda numa relação de conexão causal com a violação de direitos subjectivos de carácter absoluto.

Regressando ao ponto que tratávamos, *i.e.,* à separação de uma «causalidade constitutiva» e de uma «causalidade delimitadora dos danos», cumpre considerar que, apesar de a mesma surgir frequentemente trabalhada no domínio ambiental, também por vezes se aponta a limitada utilidade que a mesma apresenta nessa área, dado que aqui os problemas que se colocam são problemas de «causalidade constitutiva ou fundamentadora» (nomeadamente a prova de uma efectiva conexão entre comportamento lesivo do operador da instalação e lesão ocorrida – *v.g.* na propriedade ou saúde). Assim, por exemplo, LYTRAS, *Zivilrechtliche...,* cit., p. 247. Trata-se, na realidade, de classificação que pouco auxilia a tarefa de resolução dos problemas de causalidade na responsabilidade ambiental. Por essa razão – mesmo não entrando na discussão mais vasta sobre a respectiva legitimidade – não nos socorremos da qualificação referida.

(na medida em que tal se configure compatível com a finalidade descrita). Em segundo lugar, mas incindível deste primeiro requisito valorativo, o critério de imputação deve ser juridicamente operativo, ou seja, deve funcionar como efectivo instrumento jurídico útil na tarefa de identificação do nexo de causalidade no caso concreto ([158]). De todo o modo, com MANUEL DE ANDRADE, «não deixará de salientar-se que é evidente – e reconhecido pelos autores – não poder o problema do nexo causal ser exaustivamente captado numa rede de fórmulas precisas, num esquema de proposições abstractas, através das quais possam decidir-se por mecânica subsunção todas as situações da vida real. Nos casos delicados a última palavra ficará sempre ao prudente arbítrio do julgador. É um resíduo que a ciência não pode eliminar» ([159]).

35. Porque falha, quanto aos dois requisitos enunciados, o recurso (ainda que apenas como base da imputação) à causalidade em sentido natural na responsabilidade civil por danos ambientais, defendemos a necessidade da respectiva substituição. Chegados aqui, nem deve esta afirmação surpreender. A imputação dos danos consiste, já o sabemos, na *atribuição (jurídica ou normativa) do dano ao agente*, através de critérios juridicamente válidos. «A imputação dos danos (…) é primariamente uma questão legal» ([160]). A causalidade naturalística só pode e deve ser exigida se e na medida em que seja justificada, ou seja, na medida em que aquela se assuma como critério valorativamente adequado e juridicamente operacional. Não é, pois, critério-base universal ou necessário de imputação. Concretamente, não vale no domínio ambiental ([161]).

O problema permanece aqui em aberto, perguntando-se que critério ou teoria de imputação respeita os parâmetros acima definidos para a respectiva validade jurídica. Entramos, agora de pleno, no problema que se nos impõe resolver.

([158]) Ainda que com o necessário auxílio das regras probatórias. Conforme referimos, uma teoria de imputação, no domínio especificamente ambiental (mas também, embora menos acentuadamente, em geral), não pode prescindir de regras probatórias adaptadas às características dos danos e processos causais em estudo. De novo insistimos, pois, que não pretendemos negar a relevância destas últimas regras. O que afirmamos é, tão-simplesmente, que o problema, mais do que de prova da imputação (*rectius, antes* de ser um problema de prova da imputação), é um problema de imputação (em si e por si).

([159]) *Teoria Geral...,* cit., p. 363.

([160]) LYTRAS, *Zivilrechtliche...,* cit., p. 227.

([161]) Desde logo porque nenhuma base de imputação *a priori* indemonstrável é justificada ou legítima.

70 Causalidade e Imputação na Responsabilidade Civil Ambiental

36. Uma solução dogmática e pragmaticamente correcta no campo da imputação dos danos ambientais deve, a nosso ver, partir do *conceito ou ideia central de risco*. Para além de especialmente adaptada ao domínio ambiental – porque mais flexível – longe está de ser estranha à imputação dos danos. De resto, boa parte das soluções em matéria de imputação dos danos ambientais que se localizam estritamente ao nível da prova justifica-se também, *ultima ratio,* em função da ideia de risco (expressa ou implicitamente). Voltaremos a este ponto, mas retenha-se, desde já, que nenhum aligeiramento das regras de prova nem nenhuma inversão do ónus da prova podem ser explicados com exclusivo apoio numa maior dificuldade de prova com que se defronte o lesado: a dificuldade probatória acrescida tem aí, não se nega, papel importante mas, como veremos ([162]), não tem aptidão para, por si, determinar alterações nas tradicionais regras quanto ao grau de prova ou quanto à repartição do ónus da prova, por exemplo. Estas justificam-se antes em função da necessidade de protecção do ambiente em si mesmo ou da vítima de danos causados através do ambiente (consoante estejam em causa danos ecológicos ou danos ambientais), bem como da inerente demanda de agilização do mecanismo da responsabilidade civil que permita a sua plena assunção como instituto privatístico apto a alcançar aquela primeira finalidade. No fundo, é o influxo sobre o Direito civil dos princípios especificamente ambientais transversais ao ordenamento jurídico ([163]) – sobretudo do princípio da precaução ([164]) – que permite, por exemplo, justificar regras como a do § 6 da *Umwelthaftungsgesetz* alemã ou as demais soluções que vimos *supra* ([165]).

Do mesmo modo que são estes princípios jus-ambientais que subjazem às soluções que analisaremos a respeito da prova, também eles influem em termos prévios, ao nível do modo de imputação dos danos propriamente dito, *i.e.,* na definição de um critério ou teoria de imputação. Ora, na base desses princípios está, como sabemos, a ideia de *risco*, pois que «toda a prevenção é fundada na ideia de um risco aceitável pela comunidade» ([166]).

([162]) Cfr. *infra* Parte III.

([163]) Transversalidade esta que é a própria transversalidade do Direito do ambiente. Cfr. Vasco Pereira da Silva, *Verde...,* cit., pp. 44 e ss..

([164]) Cfr. *infra* n.º 44.

([165]) Como escreve Wilde, *Civil Liability...,* cit., p. 77, aludindo às dificuldades de prova da vítima, «à luz do princípio da precaução, (...) pode ser desadequado colocar tão pesado ónus de prova sobre o requerente».

([166]) Charbonneau, «La nature du droit de prévention des risques techniques», Revue Française du Droit Administratif, 1988, n.º 3, pp. 529 e ss., *apud* Carla Amado Gomes,

As Teorias da Causalidade e da Imputação na Responsabilidade Civil Ambiental 71

Não se estranhe, de resto, o influxo do princípio da prevenção na responsabilidade civil. Não há – bem ao contrário do que por vezes se pretende – qualquer incapacidade deste princípio penetrar no instituto em estudo. João Menezes Leitão, por exemplo, escreve que «a responsabilidade civil tem aqui o inconveniente de só funcionar em termos de patologia ambiental. Ora, hoje o que sobretudo importa é consagrar processos que excluam a própria possibilidade do dano, assegurando uma tutela antecipada do ambiente. O princípio da prevenção determina, com efeito, que mais do que reagir sobre os efeitos nocivos do ambiente, visando repará-los, o que é fundamental é evitar preventivamente a degradação do ambiente» ([167]). Poderia, pois, parecer que o princípio da prevenção é alheio à responsabilidade civil. Todavia, é certo que esta tem – não se esqueça – «uma clara função preventiva» ([168]) e pode, como vimos, constituir instrumento fundamental na tutela jurídica do ambiente, não só da perspectiva da reparação, mas também da própria prevenção (o que, no entanto, não significa que não careça de ser conjugada com outros instrumentos específicos). Assim sendo, o instituto que ora estudamos é necessariamente conformado pelas exigências dos diversos princípios jurídicos ambientais e, em especial, pelos ditames do princípio da prevenção.

Ora, neste contexto, a ideia de risco surge, inequivocamente, como critério base a explorar: a nosso ver, é, com efeito, a partir dela que devemos trabalhar.

Como chama a atenção Vasco Pereira da Silva ([169]), se não pode o princípio da prevenção «significar um abandono da lógica causal em matéria de ambiente» ([170]), «já fará todo o sentido considerar que, por exemplo, no domínio da responsabilidade ambiental, dada a dificuldade em determinar rigorosamente as relações de causa-efeito entre acto ilícito e dano (em virtude, em regra, de fenómenos de «concurso de causas» ou de «circunstâncias externas» potenciadoras do prejuízo), mas havendo

---

A Prevenção à Prova no Direito do Ambiente. Em especial, os Actos Autorizativos Ambientais, Coimbra Editora, Coimbra, 2000, p. 87.

([167]) «Instrumentos…», cit., p. 50.

([168]) Luís Menezes Leitão, *Direito…*, cit., p. 268.

([169]) *Verde…*, cit., p. 70.

([170]) Continua o A., *Verde…*, cit., p. 70: «Para usar uma conhecida metáfora literária, «não é por causa de um bater-de-asas de borboleta na Europa que alguém morre na China», pelo que não faz sentido introduzir, pela via da precaução, a irracionalidade no domínio ius-ambiental».

72 Causalidade e Imputação na Responsabilidade Civil Ambiental

alguém a quem possa ser imputada uma actividade ilícita e que esteja em condições de ter provocado tais danos, o Direito do Ambiente possa estabelecer uma presunção de causalidade, *ou introduzir alguma flexibilidade nos critérios de determinação do nexo causal»* [171]. Desta forma será «possível conciliar as exigências de racionalidade do Direito com as especificidades da tutela ambiental, o que representa uma concretização do princípio da prevenção, entendido em sentido amplo, no domínio da responsabilidade civil em matéria de ambiente» [172].

Podemos, na realidade, afirmar a legitimidade (por enquanto) abstracta de recurso ao conceito central de risco como forma de «flexibilizar» [173] os critérios de determinação do nexo causal. De resto, embora aparentemente sem profunda ponderação, alguma jurisprudência estrangeira tem já recorrido a soluções probatórias implicitamente aliadas (parece-nos) à imputação dos danos com fundamento na ideia de criação ou aumento do risco pelo agente [174].

Por outro lado, o recurso à ideia de risco não é estranho no contexto geral das teorias da imputação, como alertámos. Bem ao contrário. No

---

[171] Vasco Pereira da Silva, *Verde...*, cit., p. 70. Itálico nosso.

[172] Vasco Pereira da Silva, *Verde..*, cit..., p. 70.

[173] Socorremo-nos da expressão de Vasco Pereira da Silva, *Verde...*, cit., p. 70. Não obstante, da nossa perspectiva, mais do que uma verdadeira «flexibilização» dos critérios de imputação, está em causa imputar de modo diverso. Flexibilização existirá apenas no sentido em que deixa de ser necessária a demonstração da *conditio sine qua non,* que limita as possibilidades de recurso ao instituto da responsabilidade civil no domínio ambiental, nos termos vistos.

[174] Assim aconteceu, por exemplo, nos Países-Baixos, segundo explica Brans, *Liability...,* cit., p. 246 (cfr. *supra* n.º 12). Significativa é também, nos quadros anglo-americanos, a jurisprudência no caso *Bonnington Castings v. Wardlaw* (1956), em que a *House of Lords* pareceu considerar que poderia existir uma presunção de causalidade quando a actividade do requerido tenha aumentado materialmente o risco de ocorrência do dano. No entanto, como se pode ler em Wilde, *Civil Liability...*, cit., p. 58, «isto foi posteriormente limitado a casos em que não há dúvidas a respeito da natureza ou fonte do agente causal e a única questão em jogo é qual das falhas do requerido originou a perda ou dano» (ver, por exemplo, os casos *McGhee v. National Coal Board* e *Wilsher v. Essex Area Health Authority*, de 1972 e 1986, respectivamente). Significativas, sobretudo, são as críticas dirigidas ao não desenvolvimento da ideia de criação ou aumento do risco por alguma jurisprudência. Como afirma Wilde, ob. cit., p. 73, «de uma perspectiva ambiental, constitui uma infelicidade o facto da *House of Lords* ter optado por não estender o princípio em *Bonnington Castings,* segundo o qual seria suficiente demonstrar que uma actividade aumentou materialmente o risco de ocorrência do dano. (...) No caso de um poluente como radiação, pode não ser possível mais do que estabelecer que uma actividade aumentou o risco de ocorrência do dano».

Direito civil, foi já defendida a imputação dos danos ao agente através da demarcação de áreas de risco, de tal maneira que haveria que separar os danos que resultam do «risco geral da vida» (*allgemeinen Lebensrisiko*) – os quais não seriam imputáveis ao agente – e os danos derivados de um risco específico ou aumentado pelo agente – susceptíveis de lhe serem imputados ([175]). No Direito penal, domínio por excelência onde impera a preocupação garantística em encontrar critérios fundados e precisos de imputação objectiva do resultado ao agente, recorre-se hoje à «teoria do risco», *rectius* «teoria da conexão do risco». Segundo esta teoria, da autoria de ROXIN ([176]), e acolhida entre nós, sobretudo, por FIGUEIREDO DIAS ([177])([178]), o resultado deve ser imputado ao agente quando a conduta do autor tenha criado ou aumentado um risco juridicamente não permitido ([179]) e esse risco se tenha vindo a materializar no resultado lesivo. Através da ideia de «conexão de risco» torna-se possível excluir a imputação quando falta a criação ou aumento do risco para o bem jurídico ([180]), nomeadamente quando existe uma diminuição do risco ([181]) ou quando o risco criado se situa numa esfera de risco permitido ([182]), bem como nos casos em que o resultado não é materialização

---

([175]) Sobre esta teoria, cfr. LARENZ, *Lehrbuch des Schuldrecht*, Band I, Allgemeiner Teil, C.H. Beck'sche, München, 1987, pp. 144 e ss.; cfr. também LYTRAS, *Zivilrechliche...*, cit., pp. 257 e ss..

([176]) Cfr., por exemplo, *Derecho Penal...*, cit., pp. 364 e ss. Para um tratamento pormenorizado dos problemas de imputação à luz da teoria do risco, cfr., também, *v.g.*, FRISCH, *Comportamiento Típico e Imputación del Resultado,* Marcial Pons, Madrid-Barcelona, 2004.

([177]) *Direito Penal. Parte Geral,* tomo I, Questões Fundamentais. A Teoria Geral do Crime, Coimbra Editora, Coimbra, 2004, pp. 313 e ss..

([178]) Também entre nós a teoria do risco é expressamente rejeitada por TAIPA DE CARVALHO, *Direito Penal...*, cit., pp. 113 e ss..

([179]) Devendo a criação ou aumento do risco ser aferida através de um juízo de prognose póstuma (o juiz, julgando *ex post,* coloca-se de uma perspectiva *ex ante*).

([180]) Num exemplo conhecido, quando alguém incita outrem a dar um passeio no bosque com a esperança (vaga) de que um raio o atinja, e, contra todas as probabilidades, o resultado efectivamente se produz, não pode a morte ser imputada ao agente porque o facto de incitar alguém a dar um passeio no bosque não cria um risco juridicamente relevante de produção da morte.

([181]) Por exemplo, **A**, vendo que uma pedra está prestes a atingir **B** na cabeça, empurra-o violentamente, provocando-lhe lesões corporais. Falta a imputação porque o agente diminuiu o risco preexistente.

([182]) Considere-se os casos de «adequação social».

74 Causalidade e Imputação na Responsabilidade Civil Ambiental

do risco criado, mas de um outro risco, a que o comportamento do agente é alheio ([183]).

Aplicada ao domínio ambiental, a fórmula da conexão de risco – nascida numa área de máxima restrição da responsabilidade ([184]) – pode obter, quanto a nós, resultados surpreendentemente satisfatórios ([185]), constituindo a mais profícua via de resposta ao problema que analisamos sob a perspectiva de descoberta de um critério ou teoria de imputação que seja valorativamente adequado e juridicamente operativo, nos termos atrás expostos ([186]).

([183]) Se, por exemplo, **A** dispara sobre **B** com dolo homicida, mas este apenas sofre uma lesão leve, sendo levado a um hospital para receber tratamento médico e aí perecendo devido a um incêndio que se produz no hospital, não há imputação: apesar de **A** ter criado um risco não permitido de morte, não foi esse risco mas um outro risco que se materializou no resultado.

([184]) Considere-se as exigências de proporcionalidade e subsidiariedade de actuação do Direito penal.

([185]) Dizemos que esses resultados são surpreendentes porque, *prima facie,* o que se pretende é alargar o âmbito da responsabilização que resultaria da aplicação das teorias cuja base de imputação é a causalidade naturalística.

([186]) Como, de resto, no âmbito penal, escreve Figueiredo Dias, «O Direito Penal na sociedade do risco», *Temas Básicos da Doutrina Penal. Sobre os Fundamentos da Doutrina Penal. Sobre a Doutrina Geral do Crime*, Coimbra Editora, Coimbra, 2001, pp. 155-185, concretamente pp. 179-181, a respeito dos problemas da imputação objectiva do dano ambiental (decorrentes das «características de anonimidade, de distância e as mais das vezes de insignificatividade social das acções que estão na base dos riscos e, eventualmente, dos danos resultantes da concretização destes para a humanidade»), «não se vê por que razão o "enfraquecimento" da relação entre acção e bem jurídico haja forçosamente de ir, no contexto em apreciação, ainda mais longe, conduzindo a "critério atípicos de imputação" (...). O que parece, sim, é que os critérios da dogmática mais recente podem continuar aqui a ser utilizados no essencial relativamente aos casos em que se indague da responsabilidade jurídico-penal individual. (...) Com isto, cada vez mais se reconhecerá – o que já hoje se pode dizer, todavia, uma conclusão dominante – que o problema da imputação objectiva se não confunde com o (se não reduz ao) problema da causalidade. Tal não implica desvalorizar a imputação objectiva como questão a decidir de acordo com o puro convencimento do juiz, antes implica a sua normativização definitiva, assente em uma objectivação mínima, de acordo com a função que a categoria assume no sistema: e para o qual o critério da criação ou da potenciação de um *perigo não permitido* parece destinado a ganhar cada vez maior importância. Que, no domínio próprio do risco, intervenham com mais frequência formas de imputação paralela, cumulativa (nomeadamente em matéria de riscos para o ambiente) e outras que venham a ser determinadas é coisa que poderá, em nosso parecer, integrar-se sem contradição na suma de conhecimentos de que a este respeito já dispõe a dogmática jurídico-penal». Também sobre a imputação objectiva no caso de responsabilidade penal ambiental, cfr. Fierro, *Causalidad..., cit.,* pp. 415 e ss..

Nesta linha, devemos considerar que o dano ambiental (seja em sentido amplo ou estrito) é imputável ao agente quando a conduta deste cria ou aumenta um risco não permitido ou previsto na *fattispecie* legal, sendo o resultado ou evento danoso materialização ou concretização desse risco.

Assim, exige-se, desde logo, a criação ou aumento de um risco ([187]), sendo certo que esta exigência vale tanto para a responsabilidade civil subjectiva como objectiva, o que, como é bom de ver, implica a precisão acima apontada: criação/aumento de um «risco não permitido» (responsabilidade subjectiva) ou de um «risco previsto na *fattispecie* legal» (responsabilidade objectiva) ([188]).

Note-se que exigir a demonstração da criação/aumento do risco é algo de essencialmente diverso de exigir a demonstração da *conditio sine qua non*. A *conditio* não interfere aqui sequer ao nível da base de imputação dos danos ambientais. Bem longe de se exigir a demonstração de uma causalidade naturalística, exige-se – o que é bem menos – a demonstração da criação/aumento do risco.

Somos, pois, reenviados para o problema de definir o que há-de entender-se, neste âmbito, por risco ([189])([190]). Ora, serve suficientemente

---

([187]) Ou «não diminuição de um risco», no caso da omissão.

([188]) Cfr. *infra* n.º 38 a referência ao problema da legitimidade do recurso a esta teoria da conexão do risco para ambos os tipos de responsabilidade.

([189]) Sendo certo que de modo algum se pretende, ou se torna necessário, entrar a fundo no problema de saber o que, em geral, significa *risco*. Deve, não obstante, notar-se que recorremos aqui à expressão «risco» com uma finalidade restrita, bem distinta da ideia que pretende exprimir-se quando se fala em «sociedade do risco». Por isso, Figueiredo Dias, «O Direito penal...», cit., p. 181, fala em criação ou potenciação de um *perigo não permitido:* explica o A. que recorre à expressão «perigo» «em vez da mais frequentemente utilizada, "risco", para sublinhar a evidência de que não há aqui sinonímia com o sentido que a mesma palavra assume quando se fala na "sociedade do risco"». A doutrina maioritária fala, não obstante em «risco», ou, alternativamente, em «risco» e «perigo» com um mesmo significado. Sobre este ponto, cfr., *v.g.,* Fierro, *Causalidad...,* cit, pp. 396 e ss..

([190]) Não se pense, de resto, que o *risco* que nos surge no âmbito da teoria penal do risco é conceptualmente distinto do risco que no âmbito ambiental pretendemos utilizar como critério de imputação. Poderia, com efeito, pensar-se que, por exemplo, imputar o resultado morte ao agente que dispara uma arma através da teoria do risco é algo de essencialmente distinto de imputar um dano ambiental ao agente com recurso à mesma teoria. Neste último caso, ao contrário do primeiro, teríamos um verdadeiro e próprio *risco,* característico da «sociedade do risco», enquanto que no exemplo do homicídio tal não sucede. Não é assim, todavia. A diferença identificada nos dois casos não se situa ao nível conceptual ou de natureza do *risco,* mas antes no plano do bem jurídico

o nosso objectivo a noção a outro propósito avançada por MENEZES CORDEIRO ([191]), segundo a qual o risco é uma «eventualidade danosa potencial», *i.e.*, a susceptibilidade de ocorrência do dano: se uma instalação cria ou aumenta o risco de verificação do dano ambiental, tal significa que a mesma cria ou aumenta a susceptibilidade de lesão do bem jurídico em causa ([192]).

Se bem virmos, a *Umwelthaftungsgesetz* alemã, embora sem referir directamente o conceito de risco, não se afasta da ideia que assim expressamos. Efectivamente, o § 6 determina que a causalidade se presume se, em face das circunstâncias do caso concreto, a instalação se revelar apta a causar o dano. Ora, segundo nos parece, esta aptidão para causar o dano, avaliada em concreto, corresponde justamente (ou nesse sentido deve ser interpretado o preceito alemão) à criação ou aumento do risco que aqui entendemos como primeiro passo da imputação ([193]).

Repare-se, por outro lado, que a teoria da «conexão do risco» entendida deste modo incorpora o mais importante ensinamento da teoria do fim da norma: a delimitação dos danos a imputar é, também aqui, feita em função da interpretação teleológica da norma jurídica; está em causa a criação/aumento de um «risco não permitido» (na responsabilidade subjectiva) ou «previsto na norma legal» (na responsabilidade

---

afectado pelo comportamento do agente (individual/difuso) – diferença esta que, naturalmente, deixa mesmo de existir quando ponderamos a imputação dos danos no âmbito de crimes ambientais. Quando muito, portanto, poderíamos ensaiar uma distinção (embora desprovida de consequências ao nível em que nos movemos) ao jeito de PAULO SOUSA MENDES, *Vale a Pena...,* cit., p. 48, quando afirma que «os riscos vulgares são riscos *pessoais* e não riscos *globais,* tais como aqueles que actualmente, advêm da produção de energia nuclear ou da armazenagem de lixo radioactivo para o conjunto dos seres humano». Acrescentaríamos que num nível intermédio estão os riscos não de danos *no* ambiente em si, mas de danos causados *através* do ambiente. De resto, bem se compreende como seria errado procurar estabelecer uma diferença conceptual (nos termos apresentados) entre o *risco* na «teoria do risco» no Direito penal, e o *risco* na teoria de imputação dos danos ambientais que pretendemos desenvolver aqui, se atentarmos no facto de ser um dos mais marcantes autores da referida «sociedade do risco», PRITTWITZ (na obra *Strafrecht und Risiko,* de 1993) quem vem qualificar como critério de imputação a criação do risco. Cfr. esta última referência em ROXIN, *Derecho Penal...,* cit., p. 365, a respeito da evolução da teoria do risco, por si apresentada logo em 1970 e posteriormente aceite, elaborada e corrigida por um conjunto de importantes penalistas germânicos.

([191]) *Direito...,* cit., p. 362, a respeito da responsabilidade pelo risco.

([192]) Seja o bem jurídico ambiente, de referente difuso, seja um bem jurídico pessoal, de referente individual (como a vida, a saúde, a integridade física, a propriedade, etc.).

([193]) Problema diverso, que trataremos na Parte III, é o de saber como se reparte o ónus da prova.

objectiva), no sentido de susceptibilidade de lesão do bem jurídico protegido. Assim sendo, só pode legitimamente afirmar-se a criação/aumento de um risco fundamentadora de responsabilidade se a conduta do agente for susceptível de provocar danos nos bens jurídicos tutelados pelas normas jurídicas em causa. Neste ponto, estamos, na realidade, bem próximos da *Normzwecklehre.*

37. Questão central que cumpre investigar ao nível da exigência de criação/aumento do risco – e que importará articular com as regras de repartição do ónus da prova ([194]) – é a de saber se este requisito deve ser avaliado em concreto ou se basta uma abstracta susceptibilidade de lesão do bem jurídico. Por outras palavras, quando se trata de imputar o dano ambiental, devemos exigir que aquela instalação seja *concretamente* susceptível de causar o dano (atendendo às circunstâncias de tempo e lugar, ao específico processo de fabrico, aos materiais utilizados, etc.) ou basta que *abstractamente* uma instalação daquele tipo seja susceptível de causar aqueles danos (naturalmente desde que aquele risco se materialize no resultado).

Colocada embora num outro plano de análise, a discussão não é essencialmente diversa daquela que é travada na Alemanha a propósito do § 6 da *UmweltHG,* de que acima demos nota ([195]). A lei alemã, consagrando uma presunção de causalidade, exige, para que a mesma seja desencadeada, a demonstração de que a instalação é *em concreto* apta a causar o dano. Optou-se aí, numa solução que está longe de ser unanimemente aplaudida, pela exigência de uma *aptidão concreta* da instalação para causar o dano. Repare-se, ainda assim, que, no preceito legal citado, se trata tão-somente de repartir o ónus da prova por lesante e lesado, nada se pretendendo retirar daquela fórmula legal para o nível do critério ou teoria de imputação objectiva a adoptar. Ora, quanto a nós, os planos têm efectivamente que ser distinguidos: uma coisa é estipular legalmente uma presunção de causalidade e definir os pressupostos de que depende a respectiva actuação (*maxime* exigindo-se do lesado a prova de uma aptidão concreta ou abstracta para causar o dano); coisa distinta é a prévia definição de *como imputar* o dano. Do primeiro plano vamos ocupar-nos na terceira parte do trabalho. Aqui interessa antes perguntar se, para a imputação do dano ao agente, deve exigir-se uma

---

([194]) Cfr. *infra* n.ᵒˢ 43 e ss..
([195]) Cfr. *supra* n.º 14.

criação ou aumento em concreto do risco não permitido ou previsto no tipo legal, ou se o dano é imputável a partir da mera criação abstracta do risco.

Bem se compreende que no domínio do Direito penal não possa senão tratar-se da criação ou aumento do risco em concreto. O problema aí não merece mesmo mais profunda discussão, dados os princípios garantísticos que enformam aquele ramo do Direito. Aplicada a fórmula da conexão de risco à responsabilidade ambiental, poderia admitir-se ponderar a questão de modo diverso, considerando a menor intensidade garantística aqui reclamada. Não é assim, todavia. O conceito de «risco» só pode substituir a causalidade puramente naturalística através de uma apreciação que tenha em conta todas as circunstâncias do caso concreto: a susceptibilidade de, em termos abstractos, determinada instalação provocar a lesão do bem jurídico não é suficiente para se atribuir juridicamente aquele resultado concreto ao agente. Pode, naturalmente, uma instalação em abstracto criar ou aumentar o risco de lesão do bem jurídico e em concreto não o ter criado ou aumentado. Como afirmar, num caso como este, que o resultado é imputável ao agente? Estaríamos perante grosseira violação dos princípios fundamentais que enformam o sistema português de responsabilidade civil. Problema diferente, que adiante analisamos, é o de saber se, ponderando a questão sob o ponto de vista probatório, deve e pode exigir-se à vítima a demonstração da referida criação concreta do risco ou se, pelo contrário, deve alterar-se as regras normais de distribuição do ónus da prova, através de uma presunção que funcione também a esse nível ([196]). No que toca, por seu lado, à materialização do risco, naturalmente que este momento da imputação não pode senão ser objecto de um juízo *ex post* a efectuar em concreto (sem prejuízo, também aqui, da eventual inversão das regras de repartição do ónus da prova).

38. Qualquer que seja a resposta a esta pergunta, assentamos no recurso à fórmula da «conexão de risco» como critério de imputação dos danos no domínio ambiental. Assim se alcança soluções bem mais adequadas à tutela do ambiente, porque mais flexíveis do que as teorias que partem da *conditio sine qua non*. Mas, ao mesmo tempo, garante-se a função de restrição da responsabilidade que todo o critério de imputação deve cumprir (basta pensar que a origem desta teoria se situa no Direito penal (espaço de afirmação por excelência dessa finalidade garantística).

([196]) Cfr. *infra* n.º 46.

Note-se ainda, para terminar, que a fórmula apresentada tem ainda a vantagem de se adequar tanto à responsabilidade subjectiva como à responsabilidade objectiva ([197]). Na verdade, apesar de surgir no Direito penal na estrita dependência de um juízo de ilicitude – daí a sua originária restrição à criação/aumento de um risco «não permitido», responde bem à necessidade de, independentemente da ilicitude do facto, se relacionar com o mesmo o dano causado. A norma de responsabilidade prevê, neste caso, determinado facto (que comporta determinado risco) que serve de base ao juízo de imputação: se o agente cria ou aumenta o risco que a norma prevê e se esse risco se materializa no resultado, fica estabelecida juridicamente a causalidade.

([197]) Tal será relevante sobretudo quando se institua, no nosso ordenamento, uma responsabilidade objectiva em matéria ambiental com efectividade prática, ao contrário do que sucede, como vimos, com a solução constante da Lei de Bases do Ambiente.

PARTE III

IMPUTAÇÃO E PROVA

§ 1.º Aspectos gerais

39. Definido, em termos teóricos, o modo de determinação da «causalidade» na responsabilidade ambiental, impõe-se procurar respostas para o problema, não menos complexo, da prova do nexo causal. Através da análise até aqui desenvolvida resolvemos, na verdade, apenas parte dos problemas de imputação que se colocam ao aplicador do Direito, criando-se, como defendemos, o enquadramento que permite a sua resolução a outro nível: o da prova. Não dispensa, pois, aquele enquadramento teórico uma cuidada ponderação das regras probatórias aplicáveis. É que, se é certo que a fórmula da «conexão do risco» pode ser trabalhada com resultados interessantes no domínio ambiental, também é verdade que não pode ter a pretensão de, por si só, resolver os problemas de imputação que aqui se suscitam, impondo-se, pois, uma análise sob o ângulo probatório. Concretamente, há que investigar qual o «grau de prova» a exigir e como deve o ónus da prova ser repartido no domínio ambiental.

Ora, se podemos afirmar com GREGER que «a causalidade é, em princípio, uma realidade demonstrável» ([198]), também é certo que são frequentes as hipóteses problemáticas com que o jurista aí se confronta: de resto, estas são transversais aos vários tipos de danos, não se circunscrevendo ao campo em que nos movemos ([199])([200]). Nestes termos, como explica com alcance geral aquele Autor ([201]) (mas reportando-se à realidade alemã), «é compreensível que a jurisprudência e a doutrina tenham tentado, de várias maneiras, conseguir alívios da prova para o requerente». Simplesmente, a jurisprudência ([202]) oferece «um quadro tão diverso e

---

([198]) GREGER, *Beweis und Warscheinlichkeit. Das Beweiskriterium im Allgemeinen und bei den sogennanten Beweiserleicherungen,* Carl Heymanns Verlag, Köln-BerlinBonnMünchen, 1978, p. 152.

([199]) Cfr. GREGER, *Beweis...,* cit., p. 152.

([200]) Ainda que seja quanto à responsabilidade ambiental que as dificuldades probatórias maior intensidade alcançam

([201]) GREGER, *Beweis...,* cit., p. 152.

([202]) Jurisprudência alemã. Na jurisprudência portuguesa não encontramos mesmo quaisquer indícios quanto à resposta a dar à problemática específica da causalidade.

84 *Causalidade e Imputação na Responsabilidade Civil Ambiental*

irregular que é difícil determinar quaisquer linhas de desenvolvimento», movendo-se mais pelo casuísmo do que por fundamentos universalmente válidos e aplicáveis ([203]). Uma indicação perpassa, todavia, em termos gerais: não se abdica da *certeza* a favor da *probabilidade* como grau de prova, sendo a facilitação da prova (*Beweiserleicherung*) conseguida através de «construções de apoio», como o recurso à prova de primeira aparência ou prova *prima facie,* à regra da livre apreciação da prova, ou ainda à alteração das regras de repartição do ónus da prova ([204]).

A demonstração da causalidade, dentro ou fora da responsabilidade ambiental, apresenta, pois, dificuldades acrescidas. Mais que isso, entre a respectiva prova e a prova dos demais pressupostos da imputação, há uma diferença essencial: enquanto que a demonstração destes últimos é objectivamente possível, falhando apenas por incapacidade subjectiva da parte encarregada da demonstração, a prova da causalidade é, muitas vezes, inacessível para esta parte, do mesmo modo que o é para outro qualquer sujeito ([205]). Como logo de início referimos ([206]), «em problemas de causalidade, a "objectividade" da dúvida, a certeza sobre a incerteza é particularmente comum» ([207]) sendo que, no domínio da responsabilidade ambiental, mais certeira ainda surge esta verificação ([208])([209]).

([203]) Greger, *Beweis...,* cit., pp. 152 e 153.

([204]) Greger, *Beweis...,* cit., pp. 169 e 170.

([205]) Cfr., a este respeito, Greger, *Beweis...,* cit., pp. 177 e 178, que afirma expressivamente que, enquanto um detector de mentiras absolutamente fiável não falharia quanto à prova dos pressupostos da responsabilidade em geral, já o mesmo seria de pouca valia quando se tratasse de provar o nexo de causalidade. Embora a primeira parte da afirmação seja naturalmente excessiva, certo é que assim se exprime bem as especificidades e o nível de dificuldades que a prova da causalidade pode alcançar.

([206]) Cfr. *supra* n.º 3.

([207]) Pedro Múrias, *Por uma Distribuição...,* cit., p. 32.

([208]) Veja-se, aliás, o exemplo citado por Pedro Múrias, *Por uma Distribuição...,* cit., p. 32: «por falta grave da vigilância exigível, um fábrica emite durante vários meses flúor em quantidade muito superior ao máximo legalmente permitido. No mesmo período fizeram sentir-se condições atmosféricas excepcionais de calor e humidade. Num viveiro de árvores das cercanias, o crescimento das plantas foi inferior ao esperável, com danos quantificados para o seu proprietário. Sucessivas equipas de peritos, escolhidas por acordo dos interessados, não chegaram a quaisquer conclusões sobre a relação, ou falta dela, entre a emissão de gás e o menor desenvolvimento das árvores. Os donos do viveiro e da fábrica, discutindo uma eventual indemnização, concordam que a "verdadeira causa" dos danos não pode ser determinada sem margem para dúvidas». Situações próximas desta, no domínio ambiental, são frequentes.

([209]) Cfr. também Hager, «Umweltschäden...», cit., p. 1968, igualmente referindo a inevitabilidade da dúvida no domínio ambiental.

Nessa área, mesmo sem atender ao caso extremo da verdadeira «impossibilidade objectiva de prova», podemos afirmar que as dificuldades probatórias não são «fenómenos acidentais», mas antes «típicos» ([210]), reclamando, por essa razão, respostas específicas, destinadas a evitar que a responsabilidade civil seja mera *law in books,* sem antevista susceptibilidade de aplicação prática, conforme temos referido. Defender neste âmbito uma inalterada aplicação das regras probatórias gerais significaria, na realidade, negar a operatividade do instituto da responsabilidade civil. Por isso, impõe-se discutir a eventual flexibilização ou eventuais «alívios de prova» no campo ambiental, que alguns vêem como «importantes instrumentos de imputação», verdadeiras «regras de imputação» ([211]) e que, ainda que não sejam assim encarados, têm acentuado carácter material ([212]).

§ 2. º Grau de prova: suficiência da «probabilidade» do nexo causal?

40. Questão primeira a colocar neste âmbito respeita ao «grau» ou «medida» da prova, *i.e.*, à «medida da convicção que é necessária para que o tribunal possa julgar determinado facto como provado» ([213]), *in casu,* o nexo de causalidade.

Vale, em geral, no nosso ordenamento a regra de que os factos se consideram provados se – e só se – o juiz, após apreciação da prova ([214]), ficar convicto da *realidade* do facto. Como escreve TEIXEIRA DE SOUSA, «o que é relevante é que esse grau de convicção permita excluir, segundo

---

([210]) Cfr., *v.g.,* HAGER, «Umweltschäden...», cit., p. 1968; HAGER, «Das neue...», cit., p. 303; LYTRAS, *Zivilrechtliche...,* cit., p. 225.

([211]) LYTRAS, *Zivilrechtliche...,* cit., p. 228. Assim também POSPICH, *Haftung...,* cit., p. 100, para quem «os alívios processuais da prova assumem a característica de critérios de imputação da responsabilidade».

([212]) Sobre a qualificação das regras relativas ao grau de prova e à repartição do ónus da prova como Direito probatório material, cfr. TEIXEIRA DE SOUSA, *As Partes, o Objecto e a Prova,* Lex, Lisboa, 1995, pp. 197 e ss..

([213]) Cfr. TEIXEIRA DE SOUSA, *As Partes...,* cit., p. 200.

([214]) Como refere TEIXEIRA DE SOUSA, *As Partes...,* cit., p. 200, a relevância do grau de prova só surge depois da apreciação da prova: «só após o tribunal considerar que a parte cumpriu o ónus da prova relativamente a certo facto é que importa verificar se essa prova é suficiente para que, no processo pendente, esse órgão possa dar o facto como provado». Para o que nos interessa deve, no entanto, ponderar-se o problema do grau de prova antes do problema da repartição do ónus da prova, já que uma eventual atenuação do nível de convicção do juiz a exigir conformará a resposta a dar àquele segundo problema.

86   *Causalidade e Imputação na Responsabilidade Civil Ambiental*

o padrão que na vida prática é tomado como certeza, outra configuração da realidade dada como provada» [215]. A regra é, então, a chamada prova *stricto sensu:* aplicada ao nexo de causalidade, significa que o juiz só deve considerá-lo provado se estiver convicto da sua verificação. Exige-se a «certeza» ou, segundo as regras de sentido social, uma «probabilidade muito próxima da certeza» [216].

A «mera justificação», que se basta com a convicção acerca da *probabilidade* do facto [217], só é suficiente, entre nós, nas situações previstas na lei, como por exemplo sucede em matéria de providências cautelares, por em causa estar um juízo de prognose sobre um acontecimento futuro (a probabilidade séria do reconhecimento da existência do direito) e, sobretudo, devido à celeridade exigida e ao carácter provisório da tutela conferida [218]. Já nos ordenamentos da *Common Law*, vimos que, em geral, os factos se consideram provados se existir uma «probabilidade razoável», «séria» ou «predominante» da sua verificação [219].

---

[215] *As Partes...,* cit., p. 201.

[216] A «certeza» deve aqui ser entendida justamente segundo o referido «padrão da vida prática» ou, melhor, de acordo com o respectivo significado social. Esta chamada de atenção remete-nos para o problema de saber se a convicção judicial deve ser encarada de acordo com um critério subjectivo ou se, pelo contrário, é necessária uma medida de prova objectivamente determinável. Sobre o problema, especificamente a respeito da imputação dos danos ambientais, cfr. LYTRAS, *Zivilrechtliche...,* cit., pp. 343 e ss.. A teoria subjectiva da medida da prova sublinha a convicção do juiz como um acto interno: a certeza subjectiva sobre a verdade de um facto. Como forma de evitar o «capricho jurisprudencial» a que a sua versão extrema conduziria, apela-se à necessidade de ter em conta a «experiência de vida de todos os dias». Pelo contrário, os representantes das teorias objectivas sobre a medida da prova partem da premissa de que há um grau de prova objectivamente mensurável que deve ser tomado como base da formação da convicção judicial. O juiz deve formar a sua convicção de acordo com valores objectivos e racionais de probabilidade e decidir livre de apreciações subjectivas-emocionais.

[217] Como escreve TEIXEIRA DE SOUSA, *As Partes...,* cit., p. 202, «a mera justificação basta-se com a demonstração de que o facto é verosímil ou plausível (...). A mera justificação requer somente um convencimento baseado num juízo de verosimilhança ou de plausibilidade. O que é verosímil ou plausível é provável com uma certa margem de incerteza ou de dúvida, pelo que a mera justificação exige do tribunal, não uma convicção sobre a realidade do facto [como a prova *stricto sensu*], mas sobre a sua probabilidade. Ou dito de outro modo, na prova *stricto sensu* a probabilidade do facto é [como veremos] um meio para a formação da convicção do tribunal, mas, na mera justificação, é o próprio *quid* sobre o qual incide a convicção desse órgão».

[218] Sobre este e outros exemplos em que é suficiente a «mera justificação», cfr. TEIXEIRA DE SOUSA, *As Partes...,* cit., pp. 202 e 203.

[219] Cfr. *supra* n.º 10.

Imputação e Prova 87

De modo similar, mas com alcance limitado ao tema que nos ocupa, dissemos também que algumas legislações europeias em matéria de imputação dos danos ambientais determinam a suficiência da demonstração da probabilidade do nexo causal, atenuando, deste modo, as exigências probatórias gerais ([220]).

41. Neste contexto, e considerando a fisionomia típica do processo causal na responsabilidade ambiental, pode perguntar-se se também no ordenamento jurídico português, apesar de em geral valer a regra da prova *stricto sensu,* não deve atenuar-se a medida ou grau de prova, considerando-se suficiente a «probabilidade razoável ou predominante» de verificação do nexo causal ([221]).

Nesse sentido orienta-se, entre nós, CUNHAL SENDIM ([222]), que escreve que «a exigência neste ponto do sistema de um grau de certeza semelhante ao pressuposto nas situações de responsabilidade aplicáveis aos danos *"normais"* poderia inviabilizar a imputação da generalidade dos danos ecológicos e ambientais, prejudicando assim o cumprimento da função essencial deste (sub)sistema de responsabilidade. Isto sugere a razoabilidade de uma *atenuação* da exigência de prova da condição *sine qua non,* e a adopção de critérios de *verosimilhança* ou de *probabilidade;* tendo em conta as circunstâncias do caso concreto» ([223]). Também COLAÇO ANTUNES ([224]) parece optar por resposta similar, defendendo que, para o facto ser havido como provado, deve bastar o fornecimento pelo lesado de uma prova significativa ([225]).

([220]) Cfr. *supra* n.º 12.

([221]) Discutindo o assunto, com mais referências, cfr. LYTRAS, *Zivilrechliche...,* cit., pp. 358 e ss..

([222]) *Responsabilidade Civil...,* cit., p. 45.

([223]) Concretiza o Autor, *Responsabilidade Civil...,* cit., p. 45, que «neste contexto, parece importante considerar, por exemplo, o grau de risco e de perigo da actividade lesiva, a normalidade ou anormalidade da acção lesiva, a possibilidade de prova científica do percurso causal, o cumprimento, ou não, de deveres de protecção».

([224]) «Poluição industrial...», cit., p. 25.

([225]) Escreve COLAÇO ANTUNES: «existe também aqui [no problema do nexo de causalidade], uma *nuance* pouco familiar à nossa experiência. Ocorre interrogarmo-nos: quando se poderá considerar fornecida a prova do nexo de causalidade? A resposta, na base dos princípios do processo, deve ser a seguinte: quando o juiz se convença da existência de tal nexo. E como vem entendida esta fórmula? No sentido de que o lesado deve fornecer a *prova plena* da existência, neste caso, do nexo de causalidade. Ora, parece-nos que a exigência de uma prova plena pode conduzir a soluções injustas, quando o lesado forneça "apenas" uma prova significativa, que obrigará o juiz, em caso de dúvida,

88   Causalidade e Imputação na Responsabilidade Civil Ambiental

42. Quanto a nós, deve responder-se negativamente ao problema de saber se deve bastar uma probabilidade razoável ou predominante da verificação da causalidade. A solução de fazer relevar aqui a «mera justificação» é, na realidade, de legitimidade duvidosa, insuficiente e desnecessária.

A sua legitimidade é duvidosa, em primeiro lugar, porque põe em causa a lógica interna do sistema probatório português, que só admite excepções à prova *stricto sensu* quando previstas na lei – ora, não só isso não sucede, como a situação aqui em causa só apresenta limitada analogia com os casos legalmente previstos de «mera justificação». Parece--nos, todavia, que este obstáculo seria facilmente ultrapassado se se fizesse assentar a relevância de «mera justificação», se não em lei expressa, pelo menos em princípios jurídicos vigentes no ordenamento jurídico português, *in casu* em matéria ambiental ([226])([227]). Simplesmente, só é legítima uma solução como a descrita se a mesma for, de facto, adequada ao problema que se coloca, *i.e.*, se for capaz de resolver as dificuldades ao nível da prova da imputação e se, simultaneamente, para tanto for necessária.

Tal não sucede, todavia. A solução que analisamos é, na verdade, insuficiente para alcançar esse objectivo, como resulta de uma análise,

---

a considerar a acção improcedente. Por esse motivo, outras experiências jurídicas (escandinava e germânica) encaminham-se para sistemas probatórios baseados na *verosimilhança*, aplicados em matéria ambiental com resultados positivos, sobretudo para resolver o problema do nexo de causalidade». Duas notas a respeito do trecho citado. Uma primeira para sublinhar que o A. utiliza o conceito de *prova plena* com sentido distinto daquele que está consagrado em geral, para significar o que designámos *prova prima facie*. Chame-se por isso a atenção, com Teixeira de Sousa, *As Partes...*, cit., p. 200, que distinta da classificação que atende à medida da prova exigida (prova *stricto sensu*, mera justificação e ainda princípio de prova), é «aquela outra que diferencia a prova consoante a medida necessária para a sua impugnação em prova bastante, plena e pleníssima». A segunda nota para assinalar que, contrariamente ao que escreve Colaço Antunes., não se identifica na experiência jurídica germânica qualquer encaminhamento para um sistema probatório baseado na *verosimilhança* (ao contrário do que efectivamente sucede em países escandinavos – concretamente, na Suécia e na Finlândia, mas já não na Noruega). O que acontece naquele ordenamento é, como vimos, o estabelecimento de uma presunção de causalidade (no § 6.º da *UmweltHG*), que é algo conceptualmente distinto de uma atenuação da medida de prova exigida. A eventual atenuação das exigências de prova é meramente debatida na doutrina.

([226]) Concretamente, no princípio da prevenção. Sobre este, cfr. *infra* n.º 44.

([227]) Certo é, de qualquer modo, que o argumento relativo às especiais dificuldades de prova da vítima nunca é suficiente para justificar uma atenuação do grau de prova exigido.

Imputação e Prova

mesmo que superficial, da *Common Law,* onde, apesar de a «probabilidade preponderante» ser o padrão geral de prova, os problemas que se colocam não são menos complexos do que aqueles que identificamos nos ordenamentos continentais ([228]). Por outro lado, e sobretudo, a via da atenuação da medida da prova – que implica um corte sistemático ([229]) ao nível do Direito probatório – não se configura como solução necessária.

Desde logo, é assim porque, aqui chegados, estamos em condições de afirmar que a convicção que se exige do tribunal não é acerca da verificação da *conditio sine qua non,* mas sim sobre a criação/aumento do risco, o que é bem menos.

Depois, porque as regras de probabilidade ([230]) sempre relevam para a formação da convicção do juiz, como é plenamente admitido nos quadros da prova *stricto sensu.* Na verdade, se este grau de prova exige a convicção sobre a *realidade* e não sobre a *probabilidade* do facto, o que é certo é que tal não significa que essa convicção não pode fundamentar-se na probabilidade da realidade do facto. «Com efeito, a afirmação de que um facto está provado com fundamento numa regra de probabilidade não significa que esse facto é provável, mas que ele se considera demonstrado com base nessa mesma regra. (...) Portanto, a probabilidade fundamenta a apreciação do facto como provado, mas não é transposta para o próprio resultado, isto é, para o facto dado como provado. Um facto considerado provado é um facto verdadeiro e não um facto provavelmente verdadeiro» ([231]).

Finalmente, uma atenuação da medida da prova não é solução necessária devido ainda à relevância que neste âmbito a prova indiciária pode assumir. Esta reveste, em abstracto, duas modalidades ([232]): a prova por presunções legais (quando a própria lei estabelece a base da imputação) e a prova por presunções naturais ou judiciais (*praesumptiones hominis*) ou ainda prova *prima facie* ou de primeira aparência (assente em regras ou máximas de experiência). Entre nós, não existem, como é sabido, presunções legais em matéria de causalidade na responsabilidade ambiental. Já a prova por presunções judiciais pode assumir importância

---

([228]) Cfr. *supra* n.º 10.

([229]) Ainda que em abstracto pudesse ser legítimo.

([230]) Sobre as regras probabilísticas, cfr. Dornberg. *Die Kausalitätsvermutung...,* cit., pp. 62 e ss..

([231]) Teixeira de Sousa, *As Partes...,* cit., p. 201.

([232]) Cfr. Teixeira de Sousa, *As Partes...,* cit., pp. 209 e ss..

90   *Causalidade e Imputação na Responsabilidade Civil Ambiental*

nesse âmbito, relevando, *v.g.*, por essa via, a causalidade estatística, como aliás sublinha MENEZES LEITÃO [233]. De resto, a prova *prima facie* tem sido uma das vias de solução para o problema que tratamos mais explorada pela doutrina alemã que se ocupa da problemática da causalidade na responsabilidade ambiental [234][235].

Em suma, pelas razões expostas, deve manter-se, no campo ambiental, o grau de prova exigido em geral: a convicção sobre a realidade do facto, rejeitando-se, deste modo, a suficiência de um nexo causal meramente «provável» ou «possível».

---

[233] «A Tutela...», cit., p. 37.

[234] Menciona, entre nós, CARNEIRO DA FRADA, *Direito...*, cit., p. 102, a susceptibilidade de se resolver através de facilitações de prova (*maxime* através da demonstração de primeira aparência) as dificuldades no estabelecimento do nexo causal em áreas como a dos danos ambientais, responsabilidade médica ou medicamentosa, responsabilidade por manipulação genética ou, ainda, no que se refere à responsabilidade dos fabricantes de tabaco. Sobre a prova de primeira aparência (*Anscheinbeweis*) na doutrina e jurisprudência alemãs, evolução da interpretação do conceito e papel desempenhado em termos gerais em matéria de prova da causalidade, cfr. GREGER, *Beweis...*, cit., pp. 168 e ss.. Concretamente no domínio ambiental, cfr., *v.g.*, LYTRAS, *Zivilrechtliche...*, cit., pp. 360 e ss. (que encara a prova de primeira aparência como parte da regra da livre apreciação da prova); e SALJE/PETER, *Umwelthaftungsgesetz...*, cit., p. 142. Diferentemente, POSPICH, *Haftung...*, cit., pp. 101 e ss., sublinha os pequenos avanços que esta via desempenhará no domínio ambiental; também ROLAND PAPPEL, *Civil Liability...*, cit, p. 53 aponta que a prova *prima facie* só funciona quando o poluente já estiver devidamente identificado, pois que, se houver vários potenciais lesantes (fenómeno típico no domínio ambiental), a prova de primeira aparência será de pouca utilidade, já que normalmente não poderá inferir-se de determinada cadeia de eventos que a mesma foi iniciada por uma determinada pessoa.

[235] A respeito da responsabilidade pelo produto, que, como vimos já (cfr. *supra* n.º 2), levanta, em matéria de causalidade, problemas similares aos que encontramos na responsabilidade ambiental, defende, entre nós, CALVÃO DA SILVA, *Responsabilidade Civil do Produtor,* Almedina, Coimbra, 1990, p. 713, a importância de ajudar o lesado «na espinhosa tarefa de demonstrar o nexo causal, no mínimo através da prova de primeira aparência». Por isso, continua o A., «uma vez fixada a existência do defeito do produto e do dano, as regras da experiência da vida, o id quod plerumquem accidit e a teoria da causalidade adequada – teoria que reconduz a questão do nexo causal a um juízo de *probabilidade* – poderão presumir a *preponderância da evidência* que no fundo é uma espécie de presunção de causalidade». Ponto de apoio para esta construção seria o art. 563.º do Código Civil, que dispõe que «a obrigação de indemnizar só existe em relação aos danos que o lesado *provavelmente* não terá sofrido se não fosse a lesão». Cfr. também CALVÃO DA SILVA, «Causalidade...», cit., pp. 467 e ss..

§ 3.º Repartição do ónus da prova

43. Com a conservação da prova *stricto sensu* como medida de prova exigida, ainda que a imputação seja feita com recurso à fórmula da conexão do risco, não ficam naturalmente resolvidas as dificuldades probatórias que apontámos: mesmo fazendo relevar as regras ou máximas de experiência, bem como as regras de probabilidade estatística, exigir da vítima que prove em concreto a criação ou aumento do risco, tal como a materialização do risco, é ainda destruir o funcionamento da responsabilidade civil e com isso a própria protecção do ambiente que a responsabilidade faculta. Assim, se a solução não deve passar por aligeirar o grau de prova, há, todavia, que procurar respostas noutro campo: concretamente, no âmbito da repartição do ónus da prova.

Deve, na realidade, admitir-se como solução necessária a alteração das regras normais de repartição do ónus da prova, através de presunções de causalidade. Simplesmente, tais presunções não estão legalmente consagradas entre nós, diferentemente do que vimos suceder noutros ordenamentos jurídicos, como o austríaco e, muito especialmente, o alemão, com a *UmweltHG,* cujo § 6.º analisámos já [236]. Assim, restará à doutrina e à jurisprudência trabalhar nesse domínio, enquanto não houver uma alteração no panorama legislativo [237], reconhecendo-se que, como afirma VASCO PEREIRA DA SILVA, «a utilização destas "presunções de causalidade" (que, no direito português, na falta de lei, só poderiam resultar de construção doutrinária ou jurisprudencial), implica a atribuição de amplos poderes de decisão ao juiz, a quem compete verificar a aptidão dos factos para a produção dos danos, em razão de circunstâncias como a situação da empresa, a do seu modo de funcionamento, a das condições meteorológicas existentes, entre outros critérios» [238].

44. Seja como for, avançar para uma solução como a descrita, supõe resolver o problema prévio de saber se são legítimas as inversões do ónus da prova não legalmente previstas. Ora, se em geral a questão não é – admitimos – de resposta clara [não obstante alguma jurisprudência em sentido favorável à inversão jurisprudencial do ónus da prova [239])],

---

[236] Cfr. *supra* n.os 13 e ss..

[237] Cfr. *infra* n.º 57.

[238] *Verde...,* cit., p. 261, a respeito da responsabilidade civil da Administração Pública por facto ilícito.

[239] Cfr., a este respeito, TEIXEIRA DE SOUSA, *As Partes...,* cit., pp. 223 e 227, citando alguns arestos em que foi defendida a inversão do ónus da prova quando esta não

92   *Causalidade e Imputação na Responsabilidade Civil Ambiental*

no domínio ambiental não pode senão reconhecer-se a legitimidade de presunções fundadas não em lei expressa, mas antes em princípios jurídicos transversais ao ordenamento jurídico, designadamente nos princípios ambientais e, em concreto, no princípio da prevenção, conforme chega, entre nós, a apontar VASCO PEREIRA DA SILVA [240][241]. O princípio

---

seja possível ou se torne muito difícil para a parte que, segundo as regras gerais previstas no art. 342.º do C.C., estaria onerada com ela. O A. sublinha, no entanto, a impossibilidade de se afirmar que estes arestos são expressão de um costume jurisprudencial.

[240] O A., *Verde...,* cit., p. 70, embora sem concretizar, defende a possibilidade de o Direito do ambiente estabelecer uma presunção de causalidade, em alternativa a introduzir alguma flexibilidade nos critérios de determinação do nexo causal, como forma de «conciliar as exigências de racionalidade do Direito com as especificidades da tutela ambiental, o que representa um concretização do princípio da prevenção (...), no domínio da responsabilidade civil em matéria de ambiente». Note-se, a este respeito, que a inversão do ónus da prova como imposição do princípio da prevenção ocorre também num outro plano que não o da responsabilidade civil: o da demonstração, por aquele que pretende exercer uma dada actividade ou desenvolver uma nova técnica, que os riscos às mesmas associados são aceitáveis. Como escreve ANA FREITAS MARTINS, *O Princípio da Precaução no Direito do Ambiente,* AAFDL, Lisboa, 2002, p. 576, «o princípio da precaução requer (...) um novo padrão de prova, quer a nível procedimental quer a nível processual. Tendo em conta as naturais limitações do conhecimento humano e a incapacidade de prognosticar efeitos a longo prazo, deve ser dada prevalência ao *"princípio da prognose negativa sobre a prognose positiva".* (...) Quando os argumentos a favor e contra um determinado projecto se revelarem igualmente fortes, o conflito de interesses económicos com interesses ambientais deve ser decidido em prol do ambiente (*in dubio contra projectum*), conferindo-se prioridade à prognose negativa sobre a prognose positiva». Não se trata, não obstante, de exigir um «risco zero». A este respeito, cfr., por exemplo, VASCO PEREIRA DA SILVA, *Verde...,* cit., p. 70, que critica a ideia de «um ónus da prova de que não vai haver uma qualquer lesão ambiental, a cargo de quem pretenda desenvolver uma actividade potencialmente danosa», por ser «manifestamente excessivo tanto do ponto de vista lógico como jurídico, não só em virtude do "risco zero" em matéria ambiental ser uma realidade inatingível, como também pelo facto da consagração de tal exigência representar um factor inibidor de qualquer fenómeno de mudança, susceptível de se virar mesmo contra a própria tutela ambiental (...). Mesmo a adopção de medidas "amigas do ambiente" pode ter custos ambientais, pelo que a afirmação do referido ónus seria um contra-senso, que não deve integrar o conteúdo do princípio da prevenção».

[241] Nesse sentido se pronuncia, por exemplo, MARK WILDE, *Civil Liability...,* cit., p. 77. O Autor refere, não obstante, que tentativas jurisprudenciais de inverter o ónus da prova (no âmbito da *Common Law*) quando em jogo estava a causalidade falharam. Por exemplo, em *Vyner v. Waldernberg Bros,* foi defendido que, quando tivesse havido «breach of statutory duty», o requerido é que teria o ónus de demonstrar que a violação não contribuiu para os danos do requerente. Todavia, esta aproximação foi considerada errada pela *House of Lords* em *Wardlaw.* Em *McGhee,* tentou-se recuperar aquele princípio

da prevenção – *rectius,* o princípio da precaução – implica, na realidade, que o ambiente deve ter em seu favor o benefício da dúvida no caso de incerteza (por falta de provas científicas relevantes) sobre o nexo causal entre determinada actividade e um efeito ambiental negativo, «incentivando, por um lado, à antecipação da acção preventiva ainda que não se tenham certezas sobre a sua necessidade e, por outro lado, à proibição de actuações potencialmente lesivas, mesmo que essa potencialidade não seja cientificamente indubitável. Além deste conteúdo substantivo, o princípio tem ainda uma importante concretização adjectiva: a inversão do ónus da prova» ([242]).

Partindo desta compreensão do princípio da precaução, podemos afirmar com POSPICH, que, embora a inversão do ónus da prova seja primariamente tarefa do legislador, pode também resultar de construção jurisprudencial ([243]). De resto, não se levantam entre nós os obstáculos que por exemplo no ordenamento alemão se colocam a essa hipótese: é que aí, havendo uma norma legal que especificamente prevê a inversão do ónus da prova em casos determinados, parece ficar excluído o trabalho jurisprudencial na matéria, uma vez que uma inversão do ónus da prova que ultrapassasse o disposto no § 6.º da *UmweltHG* significaria ignorar essa valoração legal ([244]). Entre nós, não tendo o legislador fornecido qualquer indicação expressa a esse respeito, podemos e devemos perguntar, com maior liberdade, se é possível fundar doutrinária e, sobretudo, jurisprudencialmente uma alteração das regras normais de repartição do ónus da prova em princípios jurídicos vigentes no domínio ambiental, não obstante estes não se encontrarem positivados em qualquer regra legal que expressamente opere essa inversão do ónus da prova. Ora, nada permite excluir – pelo contrário, reclama até – a referida

---

mas novamente a solução foi rejeitada pela *House of Lords* em *Wilsher.* Cfr. Wilde, *Civil Liability...,* cit., p. 78. O A. considera que «pelo menos por agora, parece não haver perspectivas de desenvolvimento na Common Law de novas regras para aliviar o ónus da prova da causalidade colocado sobre o requerente em casos em que existe mais que um agente causal possível».

([242]) CARLA AMADO GOMES, *A Prevenção...,* cit., p. 29.

([243]) Cfr. POSPICH, *Haftung...,* pp. 100 e 101. Parece-nos também dever interpretar-se nesse sentido a posição de CARNEIRO DA FRADA, *Direito...,* cit., p. 103, quando afirma que «as presunções de causalidade legislativamente fixadas representam também uma forma de adjudicar certos danos a determinadas esferas de risco. (...) O argumento é aliás geral: *pode ser usado mesmo fora do âmbito das presunções legais de causalidade para alicerçar uma inversão do ónus da prova da causalidade*» (itálico nosso).

([244]) Cfr. POSPICH, *Haftung...,* p. 101.

94   *Causalidade e Imputação na Responsabilidade Civil Ambiental*

incidência dos princípios especificamente ambientais na responsabilidade civil e, em especial, em matéria de causalidade. Assim, independentemente de lei expressa, deve avançar-se para uma solução de inversão do ónus da prova da causalidade, nos termos que veremos ([245]). De resto, como escrevem SALJE/PETER, «se encararmos o ónus da prova como parte do direito material da responsabilidade, é, na realidade, tarefa dos tribunais concretizar a situação em matéria de prova, através da interpretação das normas legais» ([246])([247])([248]).

As hesitações de alguma doutrina em admitir esta solução (mesmo até quando a inversão está legalmente prevista) não têm, portanto, razão

---

([245]) O que não significa que não deva legislar-se neste domínio. Cfr. *infra* n.ᵒˢ 57 e 58.

([246]) *Umwelthaftungsgesetz...,* cit., pp. 141 e 142.

([247]) Os tribunais alemães chegaram, aliás, antes da entrada em vigor da *UmweltHG*, e portanto antes de existir uma responsabilidade de carácter objectivo por danos ambientais (existia já, no entanto, responsabilidade objectiva por danos causados às águas e aos solos, nos termos da *Wasserhaushaltsgesetz* de 1976 - WHG), a admitir a inversão do ónus da prova (não da causalidade mas) da ilicitude e da culpa, com fundamento nas dificuldades de prova do lesado, derivadas de não ter acesso ao interior da empresa do potencial lesante, objectivando-se assim, em boa medida, a responsabilidade fundada no § 823 do BGB. Tal sucedeu no marcante *Kupolofenfall,* decidido pelo BGH em 1984 (BGH 92, 143): neste caso, o requerido operava uma fábrica de fundição (*Kupolofen*) que libertava grandes quantidades de poeira e de óxido férrico. Os requerentes, empregados de uma empresa vizinha, alegavam que a superfície dos respectivos automóveis, estacionados no parque dessa empresa, tinha sido danificada pelas emissões provenientes da instalação do requerido. O BGH, numa decisão emblemática, inverteu o ónus da prova da ilicitude e da culpa, com os fundamentos referidos. Cfr. sobre o caso PAPPEL, *Civil Liability...,* cit., p. 46; MEDICUS, «Zivilrecht...», cit., p. 781; SALJE/PETER, *Umwelthaftungsgesetz...,* cit., p. 144; LYTRAS, *Zivilrechtliche...,* cit., p. 375; SCHIMIKOWSKI, *Umwelthaftungsrecht...,* cit., p. 38, sintetizando os requisitos de que depende a inversão do ónus da prova para o BGH; cfr. ainda JOHANNES HAGER, «Der kupolofenfall – BGHZ 92, 143 ff», Jura, 1991, Heft 6, pp. 303-308.

([248]) Recorde-se, de resto, que, relativamente ao pressuposto da culpa, doutrinas há que defendem verdadeiras inversões do ónus da prova não expressamente cominadas na lei. Pense-se, nomeadamente, na «doutrina das esferas de risco» (*Gefahrenbereichslehre*), a propósito da violação de deveres de protecção. Como explica CARNEIRO DA FRADA, *O Contrato...,* cit., pp. 197 e ss. (que, no entanto, rejeita essa teoria), «preocupa-se esta em distribuir as origens possíveis da produção de um dano por zonas de risco (das partes envolvidas no contrato), retirando daí depois um esquema de repartição do ónus probatório: o lesado teria apenas de demonstrar que a causa do dano radica na área de risco pela qual a outra parte é responsável, podendo presumir-se então a existência na sua base de um comportamento culposo, mas abrindo-se àquela a possibilidade de provar que a causa do dano era afinal diversa ou que não lhe pode ser assacada culpa na sua ocorrência».

Imputação e Prova 95

de ser. TEUBNER, por exemplo, considera que «relaxar» os testes de causalidade pode traduzir-se numa responsabilidade colectiva e não já individual e que é «desonesto» manipular os testes de causalidade para facilitar a prossecução de determinado lesante, enquanto se mantiver a responsabilidade individual como regra. Em suma, por essa via chegar--se-ia, de acordo com o A., a novas «constelações de responsabilidade colectiva» [249][250]. Todavia, só será assim se a inversão não for juridicamente fundada e cuidadosamente ponderada, o que não sucede no caso.

45. Assim, quanto a nós, o quadro em matéria de repartição do ónus da prova, atentos os pressupostos expostos, deve ser, *de jure condito,* o seguinte: (i) ao lesado exige-se a prova da criação ou aumento do risco pela instalação; (ii) feita essa demonstração, o juiz deve presumir (*juris tantum*) a materialização do risco.

Ou seja, no primeiro passo do juízo de imputação (criação/aumento do risco), não deve inverter-se o ónus da prova – relevam sim, com especial relevância, *v.g.* as regras de probabilidade estatística, etc.. Só uma vez convencido o juiz de que a instalação pode ter causado o dano (porque criou/aumentou o risco da sua verificação) é que se justifica a presunção. Ou seja, a presunção é legítima porque tem em conta a dificuldade objectiva de prova da vítima [251], fundamentando-se, em geral, nos princípios de tutela do ambiente (que valem também na responsabilidade ambiental) e, em especial, no risco criado ou aumentado pela instalação [252].

Repare-se, aliás, que, em termos de resultado, a solução que defendemos não se afasta significativamente daquela que se encontra positivada

---

[249]«The invisible cupola: from causal to collective attribution in ecological liability», G. TEUBNER, L. FARMER e D. MURPHY, *Environmental Law and Ecological Responsibility – The Concept and Practice of Ecological Self-Organization,* John Wiley & Sons, p. 29, *apud* MARK WILDE, *Civil Liability...,* cit., p. 247.

[250] Por seu turno, LYTRAS, *Zivilrechtliche...,* cit., pp. 373 e 374, aponta que, ao contrário da prova de primeira aparência, as inversões do ónus da prova podem conduzir a um excesso de responsabilidade, só sendo justificadas em casos específicos, quando houver violação de deveres jurídicos.

[251] Embora esta, por si só, não seja suficiente para fundar a alteração da normal repartição do ónus da prova. Cfr., *v.g.*, STEFFEN, «Verschuldenshaftung und Gefährdungshaftung für Umweltschäden», NJW, 1990, Heft 30, pp. 1817-1822, em especial p. 1821.

[252] Recorde-se, de resto, CARNEIRO DA FRADA (cfr. *supra* nota 243), quando menciona que as presunções legais representam uma forma de adjudicação de danos a determinadas esferas de risco.

96 Causalidade e Imputação na Responsabilidade Civil Ambiental

na lei de responsabilidade ambiental alemã ([253]). Aí, para que se presuma que a instalação causou os danos, exige-se que a vítima demonstre que a instalação está em condições de os ter provocado; ora, isso não é significativamente diferente de exigir que a vítima prove a criação ou aumento do risco, presumindo-se que foi o risco criado ou aumentado que se materializou no resultado.

46. Por resolver fica ainda, não obstante, o problema de saber se para a presunção actuar é necessário que a vítima demonstre *em concreto* a criação do risco ou se, pelo contrário, basta uma avaliação *em abstracto* ([254]) desse risco.

Deveria, em princípio, exigir-se a demonstração de que *aquela instalação, funcionando naqueles moldes, utilizando aqueles materiais e aquele processo de fabrico, libertando aquelas emissões, naquelas condições atmosféricas concretas,* ... criou ou aumentou o risco não permitido ou previsto na norma legal. Ou seja, tal como no Direito penal, lugar de origem da fórmula da conexão de risco, a afirmação do juízo de imputação supõe, indiscutivelmente, uma apreciação do risco em concreto ([255]), também aqui deveria valer regra idêntica, que é aquela que melhor assegura que a responsabilidade civil não se alarga em excesso e que o nexo de causalidade continua desse modo a cumprir a respectiva finalidade garantística, definindo claramente as fronteiras do instituto em estudo. Por isso, *de jure condendo,* é esta a solução que defendemos ([256]).

Simplesmente, esta exigência só pode ser imposta à vítima se esta tiver ao seu dispor meios que lhe facultem fazer a prova da referida criação ou aumento do risco em concreto, o que *de jure condito,* está longe de suceder no nosso ordenamento. Nomeadamente, seria necessário que existisse entre nós um direito à informação junto do operador da instalação, similar àquele que a Lei alemã consagra no respectivo § 9.º. Só que isso não acontece: não só esse direito não está expressamente consagrado, como nada funda a pretensão (pré-processual) da vítima a

---

([253]) Cfr. *supra* n.ᵒˢ 13 e 14.

([254]) Recorde-se que a lei alemã exige a demonstração da aptidão concreta da instalação para causar o dano como condição do funcionamento da presunção legal, sendo certo – recorde-se também – que a opção legal está longe de ser pacífica. Cfr. *supra* n.º 14. Trata-se de problema sobre o qual, *de jure condendo,* tomaremos partido na parte III do trabalho.

([255]) Conforme chamámos a atenção *supra* n.º 37.

([256]) Cfr. *infra* n.º 58.

Imputação e Prova 97

obter informações (potencialmente «incriminadoras») acerca do processo causal, junto do operador da instalação ([257]). Nem se invoque o princípio da cooperação consagrado no Código de Processo Civil (art. 266.º): independentemente do alcance que se atribua a este princípio ([258]), este, sobretudo, só vale já no âmbito do processo, o que supõe que a vítima tenha proposto a acção com base em determinados factos contra determinado agente: ora, é precisamente isso que, sem aquela informação, não está em condições de fazer.

Por esse motivo, no quadro actual (ainda que a solução preferível *de jure condendo* seja outra), o juiz deve exigir apenas que a vítima prove a aptidão abstracta da instalação para causar o dano, actuando então a presunção de imputação. Note-se, em todo o caso, que quando aqui falamos em demonstrar a criação do risco «em abstracto» não pretendemos, de modo algum, abdicar da exigência de prova, pela vítima, por exemplo, da conexão temporal e espacial com a libertação de determinados poluentes (o que é exigência bem menor que a contida, por

---

([257]) Chama entre nós a atenção para este ponto CUNHAL SENDIM, *Responsabilidade...,* cit., 2002, p. 46., que afirma: «a recolha *expedita* de informação sobre as circunstâncias em que ocorreu o dano (como, por exemplo, a realização de análise a descargas de efluentes e a verificação de condições de funcionamento de potenciais lesantes) é muitas vezes essencial para possibilitar a fundamentação de pretensões indemnizatórias. Este é, contudo, um outro ponto em que o legislador português não considerou a especificidade da responsabilidade por danos ao ambiente. São assim aplicáveis as regras gerais previstas no código de procedimento administrativo e no contencioso administrativo, caso o potencial lesante seja uma entidade pública. E no código de processo civil, caso seja um particular». Regras estas – acrescentamos nós – que assumem carácter claramente insuficiente.

([258]) Sobre este, cfr. TEIXEIRA DE SOUSA, *Estudos sobre o Novo Processo Civil,* Lex, Lisboa, 1997, e ainda *Introdução ao Processo Civil,* Lex, Lisboa, 2000, pp. 56 e ss.. Cfr. também LEBRE DE FREITAS, *Introdução ao Processo Civil. Conceito e Princípios Gerais (à luz do código revisto),* Coimbra Editora, Coimbra, 1996, pp. 150 e ss.. Como refere o primeiro A. citado, *Introdução...,* cit., p. 56, «segundo o princípio da cooperação, as partes e o tribunal devem colaborar entre si na resolução do conflito de interesses subjacente à acção». Ora, «o dever de cooperação assenta, quanto às partes, no dever de litigância de boa fé (cfr. art. 266.º-A). (...) O dever de cooperação estende-se igualmente à importante área da prova. O art. 519.º, n.º 1, estabelece (...) que todas as pessoas, sejam ou não partes na causa, têm o dever de prestar a sua colaboração para a descoberta da verdade, respondendo ao que lhes for perguntado, submetendo-se às inspecções necessárias, facultando o que for requisitado e praticando os actos que forem determinados». Quanto às partes, este dever de colaboração é independente da repartição do ónus da prova (...), isto é, vincula mesmo a parte que não está onerada com a prova do facto controvertido» (p. 57).

98   *Causalidade e Imputação na Responsabilidade Civil Ambiental*

exemplo, na *UmweltHG* alemã), para além naturalmente da abstracta susceptibilidade de essas emissões causarem o dano.

O agente pode afastar a presunção se contraprovar a criação abstracta do risco, mas também se demonstrar que, apesar de em abstracto aquela instalação ser apta a causar o dano, em concreto não o foi. Ou seja, pode fazer a contraprova do risco abstracto ou a prova negativa do risco concreto, do mesmo modo que pode, ainda, no segundo momento da imputação, fazer a prova negativa da materialização do risco.

Assim se alcança, a nosso ver, uma distribuição equilibrada do risco da falta de clarificação do processo causal ([259]), e assim se garante também que o mecanismo da responsabilidade civil permanece como instrumento útil na tutela do ambiente ([260]).

([259]) Excepcionando-se, pois, em função das especificidades da responsabilidade civil ambiental, a regra segundo a qual o risco da não clarificação recai sobre o autor da acção.

([260]) Poderia questionar-se se a solução que defendemos *de jure condendo* não conduz a um excessivo alargamento da responsabilidade civil ambiental, pois que, conforme admitimos, a função garantística desempenhada pelo nexo de causalidade melhor se assegura através de uma avaliação em concreto da criação ou aumento do risco. A objecção não é procedente. É certo que a apreciação em abstracto não acautela da mesma maneira o papel limitador da responsabilidade que o pressuposto em análise deve cumprir (razão pela qual, *de jure condendo,* considerámos preferível esta última solução). Porém, exigir a prova do risco concreto, no panorama legislativo actual (que pode até permanecer inalterado por tempo que ignoramos), significa regressarmos à impossibilidade de actuação prática do instituto da responsabilidade civil no domínio ambiental (que simultaneamente é o principal instrumento de tutela privada do ambiente), a qual justamente se impõe evitar (*maxime,* em nome dos princípios jus-ambientais). Note-se, de resto, que a cedência que existe ao nível garantístico não é tão extensa quanto aparenta: em primeiro lugar, porque se exige que o risco criado/aumentado em abstracto seja um risco *juridicamente relevante* (a determinar por interpretação das normas legais e regulamentares aplicáveis); em segundo lugar, porque em causa está apenas fazer actuar uma presunção *ilidível* de imputação, admitindo-se sempre a contraprova e a prova negativa referidas; finalmente, porque, para a presunção actuar, exigimos (pelo menos) a prova de uma conexão temporal e espacial com a libertação de determinados poluentes. De qualquer modo, este é o ponto mais crítico do regime a construir *de jure condito* e que mais premente torna a regulação legal da matéria.

PARTE IV

A «MULTICAUSALIDADE» EM ESPECIAL

§ 1.º Constelações típicas

47. Temos sublinhado que a «multicausalidade» ou o concurso de causas – fenómenos típicos [261] no âmbito da responsabilidade ambiental – fazem acrescer as dificuldades na imputação dos danos, sobretudo porque, como escreve CUNHAL SENDIM [262], «o domínio do concurso de imputações é uma outra área onde o legislador não consagrou qualquer regra de alcance geral, com uma solução adequada à especificidade da responsabilidade por danos ambientais e ecológicos». Na ausência de tal regra, impõe-se perguntar – aplicando as conclusões que resultaram da análise até aqui desenvolvida – se as respostas a que se tem chegado fora do campo dos danos ambientais podem ser aceites neste domínio, sobretudo tendo em conta a necessidade de tutela do ambiente e o papel que nessa área a responsabilidade civil é susceptível de desempenhar. Por essa razão se justifica a autonomização da problemática da multicausalidade e a análise sucessiva dos principais grupos de casos que, com terminologia diversa e de forma mais ou menos sistemática, têm sido apresentados pela doutrina [263][264].

48. Recorrendo à terminologia utilizada pela doutrina germânica [265] (pois que, para além de expressiva, é no ordenamento alemão

---

[261] As hipóteses de multicausalidade constituem, na realidade, a regra nos fenómenos causais ambientais.

[262] *Responsabilidade...,* cit., p. 46.

[263] Deste modo é também possível testar a adequação dos resultados a que chegámos nas partes II e III deste trabalho.

[264] Como refere POSPICH, *Haftung...,* cit., p. 132, na falta de normativo legal aplicável, os problemas da multicausalidade têm que ser resolvidos através da ponderação dos diversos interesses conflituantes.

[265] Cfr., *v.g.,* no âmbito específico da responsabilidade ambiental, HAGER, «Das neue...», cit., pp. 139 e 140; LYTRAS, *Zivilrechtliche...,* cit., pp. 384 e ss.; POSPICH, *Haftung...,* cit., pp. 107 e ss.; SALJE/PETER, *Umwelthaftungsgesetz...,* cit., pp. 111 e 112; MEDICUS, «Zivilrecht...», cit., p. 781; cfr. também R. PAPPEL, *Civil Liability...,* cit.,

102 *Causalidade e Imputação na Responsabilidade Civil Ambiental*

que o estudo da matéria em causa mais avanços tem conseguido), podemos distinguir:

- a causalidade cumulativa;
- a causalidade aditiva, potenciada ou sinergética;
- a causalidade alternativa.

A causalidade cumulativa ocorre quando o dano resulta da conjugação das condutas separadamente levadas a cabo por vários agentes, sendo certo que sem o contributo de um o dano já não se produziria (266)(267).

---

pp. 58 e ss. Para uma distinção exaustiva de outras constelações típicas, cfr. FEES, *Haftungsregeln...*, cit., pp. 50 e ss., que distingue: *Konkurrierende Kausalität* (causalidade concorrente), *Kumulativer Kausalität* (causalidade cumulativa) – e dentro desta, causalidade aditiva-cumulativa; causalidade progressiva-cumulativa; causalidade sinergética--cumulativa; encontrando ainda, em cada categoria, múltiplas sub-distinções –, e finalmente a *Minimaler Kausalität*, também com diversas sub-distinções. Veja-se ainda a análise das constelações descritas, sob uma perspectiva económica, que o Autor leva a cabo a partir do contexto legal vigente no ordenamento alemão.

(266) A expressão «causalidade cumulativa» tem sido utilizada entre nós, muitas vezes, com sentido distinto do referido no texto. Para boa parte da doutrina nacional, ocorrerá uma situação de «causalidade cumulativa» (por vezes também designada «causalidade alternativa» mas que se não confunde com a constelação típica que identificamos com expressão idêntica) quando, nas palavras de PEREIRA COELHO, *O Problema da Causa Virtual na Responsabilidade Civil,* Reimp., Almedina, Coimbra, 1998, p. 25, «a eficácia causal dos dois factos, cada um dos quais seria capaz de produzir o efeito só por si, cooperou efectivamente para o dano verificado». Esta situação aproxima-se da hipótese descrita no texto na medida em que em ambos os casos existe uma eficácia causal *efectiva* (por contraposição a puramente *virtual*) dos contributos dos diversos agentes envolvidos. Simplesmente, enquanto que no nosso exemplo sem o contributo do agente o dano já não se teria produzido, neste outro o dano produzir-se-ia de qualquer modo. Estamos, por isso, mais próximos da constelação que designámos «causalidade aditiva» (todavia, esta última adquire especificidades no domínio ambiental que não permitem identificá-la, sem mais, com esta designada «causalidade cumulativa»). Causalidade cumulativa neste outro sentido ocorre, por hipótese, no exemplo – bem adequado à área da responsabilidade ambiental – que apresenta ANTUNES VARELA, *Das Obrigações...*, cit., p. 884, nota 1, em que **A** e **B** lançam simultaneamente despejos ou substâncias corrosivas numa corrente, que provocaram a morte de grande quantidade de peixes (sendo certo, deve clarificar-se, que ambas as descargas provocaram a morte dos peixes mas, mesmo sem uma delas, a morte ocorreria). Fora do domínio ambiental, costuma ser apresentado como exemplo típico de causalidade dita «cumulativa» o caso de a cozinheira e a criada de quarto, independentemente uma da outra, deitarem veneno no mesmo prato destinado à senhora, sendo mortal qualquer das doses por si. A solução para estes casos não pode deixar de ser a imputação do dano a todos os agentes que causaram o dano. Esta é, de resto, a solução que tem sido seguida: como explica ANTUNES VARELA, *Das Obrigações...,*

A «*Multicausalidade*» em especial

É o que sucede se, p. ex., vários agentes, separadamente, despejam no rio quantidades de materiais poluentes em si mesmas insuficientes para provocar a morte dos peixes, mas que, em conjunto, a ocasionam. Diferente é o caso da causalidade aditiva, também por vezes dita causalidade potenciada ou sinergética. Verifica-se uma hipótese deste tipo quando o dano já se produziria independentemente do contributo do agente – ao contrário do que acontece na causalidade cumulativa – mas este cooperou efectivamente para o dano. O contributo do agente está, deste modo, tão-somente envolvido no conjunto de um processo poluente mais vasto, conduzindo a um aumento do dano ambiental, porventura até em termos mais que proporcionais à soma desse mesmo contributo. Neste último caso, diz-se que o contributo tem efeitos potenciadores ou sinergéticos (o efeito lesivo é reforçado pela conexão e mistura dos diversos contributos envolvidos).

Finalmente, estamos perante um caso de causalidade alternativa quando várias instalações estão em condições de ter causado o dano, sabe-se que uma ou várias dessas instalações o causaram, mas não se sabe exactamente qual ou quais ([268]). Recorrendo a um exemplo de

---

cit., p. 884, nota 1, «tem-se entendido (…) que o evento que interessa à determinação da causa *real* (…) não é o evento *abstracto* (morte da vítima), mas o evento *concreto* (a morte tal como ela *realmente* se registou) e que, nesse sentido, qualquer das causas cumulativas constitui condição s.q.n. do dano». Deste modo se resolve um dos casos em que falha a teoria da *conditio*, conforme foi apontado (cfr. *supra* n.º 24): de acordo com esta teoria, se suprimíssemos mentalmente o comportamento de qualquer dos agentes, o dano ainda assim produzir-se-ia, pelo que não seria *conditio sine qua non* do mesmo. Não obstante, a imputação deve ser afirmada.

([267]) Interessante é também chamar a atenção para a figura do «delito cumulativo» no âmbito do Direito penal, que suscita importantes questões de imputação. «Trata-se de decidir se são admissíveis formas de imputação individual baseadas numa ideia de acção colectiva, ou seja, se podem constituir ilícitos típicos comportamentos cuja razão de ser assenta numa lógica de massas, na circunstância de serem praticados por um grande número» (SILVA DIAS, «What if everybody did it?: sobre a incapacidade de ressonância do Direito Penal à figura da acumulação», Separata RPCC, ano 13, n.º 3, Julho-Setembro 2003, p. 306).

([268]) Trata-se dos casos que, entre nós, são mencionados por ANTUNES VARELA, *Das Obrigações...*, cit., p. 884, nota 1, como «casos de autoria *incerta*, dentro dum núcleo *certo* de pessoas». A terminologia «causalidade alternativa» para se referir aos casos descritos no texto é, também entre nós, utilizada, no domínio ambiental, por MENEZES CORDEIRO, «Tutela...», cit., p. 391 (já assim em *Direito das Obrigações,* cit., pp. 415 e 416), MENEZES LEITÃO, «A tutela...», cit., p. 37, e HENRIQUE ANTUNES, «Ambiente...», cit., p. 177. A respeito da responsabilidade pelo produto, recorre a à expressão, com o mesmo sentido, CALVÃO DA SILVA, «Causalidade...», cit., pp. 465 e ss..

MENEZES CORDEIRO [269], há causalidade alternativa, nomeadamente, naquela situação em que há uma descarga no rio, que mata toneladas de peixes, sendo que só uma de duas fábricas o poderá ter feito, sem que, todavia, se saiba qual.

Analisemos sucessivamente as diferentes constelações típicas apresentadas, testando a susceptibilidade de, através das conclusões que alcançámos, garantir a tutela do ambiente por meio da responsabilidade civil, a qual naturalmente reclama que o dano seja imputado a todos os agentes co-envolvidos no processo causal. Solução diversa – que, por exemplo, conduzisse a negar a imputação no caso de causalidade alternativa [270] – permitiria, na verdade, que, na quase totalidade dos danos ambientais, os diversos agentes se eximissem à responsabilidade com pretexto na eventual responsabilidade de outrem. Com isso seria posta em causa não só a eficácia restauradora, mas também a finalidade preventiva da responsabilidade civil.

§ 2.º Causalidade cumulativa

49. A resposta tradicional, de acordo com a fórmula da *conditio sine qua non,* para as hipóteses de causalidade cumulativa consiste em afirmar a responsabilidade de todos os agentes, uma vez que todos causaram o dano: se suprimíssemos mentalmente o contributo de qualquer dos agentes, o resultado, por definição, deixaria de se produzir, pelo que a acção de cada agente individual é *conditio sine qua non* do mesmo [271]. Trata-se de solução que seria especialmente adequada aos problemas de causalidade no domínio ambiental. Simplesmente, fora desse campo, a mesma colocava dificuldades específicas à doutrina: como justificar, na realidade, que ao agente que só limitadamente contribui para a lesão – e que isoladamente a não produziria – fosse atribuída a responsabilidade pela totalidade do dano? [272] A evolução subsequente veio, em resposta, limitar a responsabilidade definida pela *conditio sine qua non*

---

[269] «Tutela…», cit., p. 396.

[270] São as hipóteses de causalidade alternativa, na realidade, os casos mais problemáticos, como veremos.

[271] Por definição, só pode falar-se em causalidade cumulativa quando se tenha provado – o que é hipótese rara no domínio ambiental – que o contributo de cada agente individual é *conditio sine qua non* do resultado lesivo.

[272] Cfr. ROLAND PAPPEL, *Civil Liability…,* cit., p. 59.

aos agentes que conhecessem o contributo causal dos demais agentes envolvidos no processo (^{273})(^{274}). Aplicada ao domínio ambiental, bem se vê que esta restrição não permite tutelar os interesses em jogo, pois que posterga a própria função de tutela do ambiente que deve ser cometida à responsabilidade civil e, com isso, a protecção do ambiente em si (danos ecológicos), bem como a protecção dos lesados (danos ambientais).

Impõe-se, assim, reponderar o problema à luz das especificidades da responsabilidade civil ambiental. Na doutrina germânica chegou a admitir-se aplicar analogicamente a estes casos o § 830, II, do BGB, que directamente tem em vista apenas as hipóteses de causalidade alternativa, ou seja, aqueles em que o contributo de cada sujeito poderia, por si só, ter causado a totalidade do dano (requisito este que é uniformemente sublinhado pela doutrina) (^{275}). Deste modo se alcançaria a pretendida co-responsabilização de todos os agentes causais. Não obstante, esta via de resposta não colheu apoios (^{276}), sendo, aliás, apontada (e bem) a desnecessidade de solução referida (^{277}).

50. A nosso ver, dúvidas não deve haver quanto à solução de imputar o dano ambiental (*lato sensu*) a todos os agentes que contribuíram para o facto, mesmo quando só parcialmente.

Em primeiro lugar, na causalidade cumulativa cada agente, por definição *aumenta o risco* de verificação do facto total (^{278}): assim sucede no referido exemplo em que cada sujeito, por si e independentemente dos demais, faz determinadas descargas poluentes no rio. É claro que cada um dos referidos sujeitos aumentou o risco da verificação da morte dos peixes.

Em segundo lugar, ainda que se considere de exigir o conhecimento do contributo dos demais, os princípios ambientais, e designadamente o princípio da prevenção, obrigariam a entender essa exigência no sentido de uma mera consciência (difusa) da aptidão danosa potencial do facto,

---

(^{273}) Esta evolução é conhecida tanto do Direito civil como do Direito penal.

(^{274}) Repare-se que na causalidade cumulativa temos *vários factos* de vários agentes que conjuntamente provocam o dano. Diferente é a situação em que temos um *facto comum* aos vários agentes (*i.e.*, um só facto, vários participantes nesse mesmo facto).

(^{275}) Sobre o § 830, cfr. *infra* n.º 53.

(^{276}) Cfr., por todos, LYTRAS, *Zivilrechtliche...*, cit., p. 409.

(^{277}) Cfr. POSPICH, *Haftung...*, cit., p. 113, que chama a atenção para o facto de a própria *conditio sine qua non* permitir a imputação.

(^{278}) Se isso não suceder, encontramo-nos fora do conceito de causalidade cumulativa.

106 *Causalidade e Imputação na Responsabilidade Civil Ambiental*

seja de forma isolada, seja conjugadamente com o facto de terceiros. Ora, voltando ao nosso exemplo, o agente que faz a descarga poluente no rio tem a consciência de que aquela conduta aumenta o risco da morte dos peixes do rio (*maxime,* quando *eventualmente* conjugada com contributos de outros agentes, que o agente não tem que conhecer em concreto).

Finalmente, e sobretudo, se o recurso à ideia de risco visa, no domínio ambiental, permitir a imputação naqueles casos em que o recurso à *conditio* não o permitiria, e se nos casos de causalidade cumulativa a *conditio* resolveria correctamente o problema, permitindo responsabilizar todos os agentes e assim tutelar o ambiente, então não faria sentido que a teoria da conexão do risco viesse aqui funcionar *contra* o ambiente. Por outras palavras, nos casos de causalidade cumulativa sabemos, por definição, que os contributos dos vários agentes são causa em sentido naturalístico do dano. A evolução posterior procurou, como sabemos, restringir a causalidade natural, seleccionando de entre as causas *naturais* aquelas que devem ser consideradas *juridicamente* relevantes. Ora, nos casos aqui em análise, é evidente – desde logo por imposição dos princípios jus-ambientais – que todas as causas naturais são juridicamente relevantes ([279]).

Em síntese, quando haja causalidade cumulativa, todos são responsáveis: todos aumentaram o risco que se materializou no resultado. Saber se respondem pela totalidade ou apenas na proporção do risco criado ou aumentado é matéria que adiante analisamos (§ 5.º).

§ 3.º Causalidade aditiva, potenciada ou sinergética

51. Nesta segunda constelação típica, dúvidas também não existem quanto à responsabilização de todos os sujeitos envolvidos no processo poluente: se todos *aumentam* o dano ([280]), seja através da linear *adição*

([279]) Ao contrário do que tipicamente acontece no âmbito da responsabilidade ambiental, nesta situação a fórmula da *conditio sine qua non* resolve bem o problema. Ponto é demonstrar – mas tal é condição para que possa sequer falar-se em causalidade cumulativa – que os vários sujeitos efectivamente cooperaram para a verificação do facto. Por isso se costuma apontar que as hipóteses de causalidade cumulativas são raras no domínio ambiental, como frisámos já.

([280]) Próximas são as situações em que os agentes não aumentam o dano mas, de todo o modo, causam-no efectivamente como sucede nas hipóteses que a doutrina portuguesa apelida de «causalidade cumulativa» (vd. *supra* nota 266).

A «Multicausalidade» em especial 107

do respectivo contributo, seja *multiplicando* ou *acelerando* o evento danoso [281], então, por definição, todos aumentam o risco não permitido ou previsto da norma legal. Logo, todos são responsáveis. Quanto a este ponto existe – como não poderia deixar de acontecer – unanimidade [282].

As dúvidas que existem situam-se, antes, a outro nível: o da repartição concreta da responsabilidade pelos danos causados. Assim, na expressão da doutrina alemã temos uma dúvida quanto à *repartição* do dano (*Anteilszweifel*) e não quanto ao *causador* do dano (*Verursacherzweifel*) [283]. Trata-se, deste modo, também aqui, de dúvida a resolver no § 5.º, quando em geral ponderarmos os termos concretos da co-responsabilidade de vários agentes [284].

§ 4.º Causalidade alternativa

52. Resta-nos, pois, resolver o problema – mais complexo – da imputação nos casos de causalidade alternativa, ou seja, naquelas situações em que vários agentes podem ter causado um dano, já que todos levaram a cabo acções potencialmente lesivas [285], um deles (pelo menos) causou efectivamente esse dano, mas não é possível determinar em concreto qual (ou quais) [286].

A resposta tradicional (causal) a esta constelação típica é simples [287]: se não é possível apurar a quem é em concreto imputável o dano, ninguém

---

[281] Cfr. Roland Pappel, *Civil Liability...*, cit., p. 61, nota 89.

[282] Cfr. *v.g.* Hager, «Das neue...», cit., p.139; Salje/Peter, *Umwelthaftungsgesetz...*, cit., p. 111; Pospich, *Haftung...*, cit., pp. 113 e 114.

[283] Cfr. R. Pappel, *Civil Liability...*, cit., pp. 59 e 61.

[284] Cfr. *infra* § 5.º.

[285] Só neste caso se fala em causalidade alternativa, pois que no caso em que não há sequer facto (potencialmente lesivo) não há que ponderar imputar o dano ao agente. Como refere Lytras, *Zivilrechtliche...*, cit., p. 387, tem que existir uma «relação causal potencial» entre a acção lesiva e o efeito lesivo, apenas não sendo possível prová-la em concreto.

[286] Aqui, sim, temos uma hipótese típica de *Verursacherzweifel.*

[287] Apesar das tentativas que houve no sentido de fundar a imputação do resultado lesivo aos diversos potenciais lesantes, pelo menos em alguns casos de causalidade alternativa, o que é certo é que a doutrina se fixou definitivamente na inadmissibilidade de uma solução desse tipo. Muito interessante (embora insusceptível de aceitação nas suas conclusões) é, no entanto, a análise levada a cabo por Aberkane, «Du dommage causé par une personne indéterminée dans un groupe déterminé de personnes», Revue Trimestrielle de Droit Civil, 1958, tomo 56, pp. 516-554. Este A., após expor os vários posicionamentos jurisprudenciais e doutrinários a respeito do problema de saber se o

108   *Causalidade e Imputação na Responsabilidade Civil Ambiental*

responde. Não está, na realidade, demonstrado, nessa hipótese, um dos pressupostos da responsabilidade civil: o nexo de causalidade [288].

No caso dos danos ambientais compreende-se bem a gravidade de uma solução como a descrita, a qual de modo algum tem devidamente em conta os valores e interesses em jogo, os quais inegavelmente reclamam a imputação dos danos aos diversos potenciais lesantes.

53. No ordenamento jurídico alemão, esta última solução tem sido atingida com facilidade com recurso à regra do § 830, II, do BGB, que prevê, com alcance geral [289], que todos os sujeitos são responsáveis quando não é possível provar qual ou quais os concretos contributos causais [290][291]. De resto, apesar de a norma ser directamente aplicável

---

dano pode ser imputado a todos os agentes quando não se sabe quem o causou mas se sabe que o responsável pertence a determinado grupo de sujeitos (posicionamentos estes que, em alguns casos chegam a passar por uma quase-personificação do grupo!), acaba por defender (pp. 551 e ss.) a necessidade de distinguir consoante o grupo é intencional ou fortuito. No primeiro caso, o dano seria imputável a todos, ao contrário do que acontece no segundo.

[288] No Direito penal, havendo dolo, serão ambos responsabilizados por tentativa. Assim, se **A** e **B** tentam matar **C,** e um (mas só um) dos dois provoca efectivamente a morte, sem que seja possível determinar qual, nenhum pode ser responsabilizado por *homicídio consumado*, porque o resultado não pode ser imputado a nenhum. Deste modo, ambos são responsáveis por *homicídio tentado*.

[289] *Geral* no sentido de não restrito à responsabilidade civil ambiental. O preceito citado só se reporta directamente, todavia, à responsabilidade subjectiva.

[290] O § 830, II aplica-se à situação de causalidade alternativa. Já o § 830, I apenas se aplica aos casos de cooperação *consciente* e *pretendida* (equivalente ao conceito de «participação» do Direito penal). Sobre o § 830 em geral, cfr. STEIN, anotação ao § 830, in *Münchener Kommmentar zum Bürgerliches Gesetzbuch,* Band 5, Schuldrecht – Besonderer Teil III, 3.ª ed., München, 1997.

[291] A norma do § 830, II tem gerado dúvidas interpretativas, que conduziram a algumas precisões importantes. Nomeadamente, tem-se chamado a atenção para o facto de só ser possível imputar o dano com recurso a esta regra contanto que todos os agentes tenham praticado uma acção potencialmente lesiva e exista uma conexão causal potencial entre essa acção e o dano, exigindo-se ainda que o contributo de cada sujeito seja, por si só, susceptível de ter causado a totalidade do dano (o que permite excluir a imputação, não só nos casos, que já vimos, de causalidade cumulativa, mas também no caso da chamada *«Minimaler kausalität»*, cfr. *v.g.,* LYTRAS, *Zivilrechtliche...,* cit., p. 408). Discute-se, por outro lado, o significado e o fundamento desta regra: para alguns seria uma regra de prova (concretamente de repartição do ónus da prova) enquanto que, para outros, seria uma norma material autónoma de imputação. Todavia, como aponta LYTRAS, *Zivilrechtliche...,* cit., p. 389, a discussão perde sentido se considerarmos que uma regra de repartição do ónus da prova nunca tem mera natureza processual, representando antes

A «Multicausalidade» em especial 109

apenas à responsabilidade subjectiva, a solução é estendida analogicamente para a área da responsabilidade pelo risco e, especificamente, para a imputação levada a cabo com base na *UmweltHG*: a doutrina tem-se pronunciado uniformemente no sentido de valerem neste último caso as razões que justificam a solução do § 830, II, tanto mais que a intenção do legislador ambiental alemão foi, evidentemente, facilitar a imputação dos danos ([292]). Deste modo, por aplicação analógica do § 830 chega-se a soluções satisfatórias no domínio ambiental, apesar de o alcance geral daquela norma poder merecer reservas ([293])([294]).

54. No ordenamento jurídico português, onde inexiste regra similar à do Código Civil alemão ([295]), o problema parece mais complexo. Assim, por exemplo, MENEZES LEITÃO ([296]) nega terminantemente, *de jure condito*, a susceptibilidade de imputar o dano aos diversos intervenientes. HENRIQUE ANTUNES ([297]), por sua vez, defende que «talvez fosse aconselhável que o nosso legislador adoptasse um preceito similar à norma

---

uma extensão das regras materiais de imputação. O que fez o legislador do BGB foi substituir o ónus do lesado de provar uma conexão causal concreta pelo ónus deste de provar tão-somente uma conexão causal possível entre o comportamento do agente e o dano ocorrido. Trata-se, pois, podemos afirmar de modo sintético, de fazer recair o «risco de não clarificação» do verdadeiro percurso causal sobre o potencial lesante. A justificação para tanto está no facto de cada potencial lesante «ter colocado em perigo o interesse lesado concretamente através do respectivo comportamento ilícito e culposo», para além de que cada um é passível de ter causado a totalidade do dano (LYTRAS, *Zivilrechtliche...*, cit., p. 390). Sobre a norma, cfr. BREHM «Zur Haftung bei alternativer Kausalität», JZ, n.º 18, Setembro 1980, pp. 585-590, em especial quanto ao respectivo enquadramento teórico, cfr. pp. 587 e ss.; cfr. também BENICKE, «Deliktische Haftung mehrerer nach § 830 BGB», Jura, 1996, Heft 3, pp. 127-135, com diversos exemplos práticos.

([292]) Assim, por exemplo, HAGER, «Das neue...», cit., pp. 139 e 140; SALJE/PETER, *Umwelthaftungsgesetz...*, cit., p. 111; POSPICH, *Haftung,* pp. 139 e 140.

([293]) Atente-se, por exemplo, entre nós, no teor do comentário de ANTUNES VARELA, *Das Obrigações...*, cit., p. 923, nota 1, a propósito, todavia, do § 830, I: o A. menciona os casos «que o § 830, I, do BGB regula...um tanto ao estilo prussiano; mais vale sacrificar alguns dos agentes que deixar a vítima sem compensação!».

([294]) Cfr. *supra* nota 291 o fundamento da norma contida no § 830, II, do BGB.

([295]) Cumpre notar que o art. 490.º do Código Civil português – apesar de ter em vista obviar à «iniquidade de se voltar contra o lesado uma situação de falta de esclarecimento sobre a causalidade» (CARNEIRO DA FRADA, *Direito...*, cit., p. 106) – não se aplica às hipóteses de causalidade alternativa, pressupondo, antes, que se verifiquem os pressupostos da comparticipação. Nesse sentido, CARNEIRO DA FRADA, *Direito...*, cit., p. 106.

([296]) «A tutela...», cit., p. 37.

([297]) «Responsabilidade...», cit., p. 177.

110 Causalidade e Imputação na Responsabilidade Civil Ambiental

especial do § 830, 2.ª parte, do Código Civil alemão (B.G.B.)» [298]. Já
MENEZES CORDEIRO [299], pelo contrário, escreve que, no caso de causalidade alternativa de duas ou mais instalações, no Direito do ambiente
«está em aberto a hipótese de responsabilizar as duas», ao contrário do
que aconteceria de acordo com o Direito tradicional em que ambas seriam ilibadas [300].

Esta última é, na realidade, a resposta correcta e é, de resto, a que
resulta das conclusões que alcançámos ao longo do trabalho.

Como vimos, na causalidade alternativa, *há vários agentes que
podem ter causado um dano, já que todos levaram a cabo acções potencialmente lesivas* [301]. Significa isso que, por definição, nas hipóteses de
causalidade alternativa, todos os agentes criaram ou aumentaram o risco
não permitido (no caso de responsabilidade subjectiva) ou previsto na
norma legal (no caso da responsabilidade objectiva). Ora, defendemos já
que, no ordenamento português vigente, a criação ou aumento do risco,
a avaliar em abstracto, desencadeia o funcionamento de uma presunção
de imputação [302]. Ou seja, sempre que nos encontrarmos perante um

---

[298] O A. acrescenta, todavia, que «não obstante, no direito português, a aplicação
da segunda modalidade de ilicitude, prevista no art. 483.º, n.º 1, do Código Civil permite
atenuar a ausência dessa disposição». Não se vê, todavia, que assim seja. Explica o
mesmo A., *ob cit.,* p. 177, nota 90, que «se o comportamento de onde deriva o dano,
assumido pelos participantes, constituindo, no sentido da concepção da vida, um acontecimento unitário, for, por si só, um acto ilícito, justifica-se a aplicação do regime da
responsabilidade solidária». Todavia, por um lado, nas hipóteses de causalidade alternativa (de que tratamos e de que trata também HENRIQUE ANTUNES), não temos um facto
unitário em que participam vários sujeitos (essa hipótese não é sequer regulada pelo
§ 830, II, do BGB, mas antes pela primeira parte desse preceito). Por outro lado, afirmar
que o comportamento é ilícito não é ainda afirmar que ele é causal a respeito do dano
ocorrido. A responsabilidade solidária justifica-se, sim, mas supõe a prévia demonstração
de que o dano é imputável a todos os agentes.

[299] «Tutela...», cit., p. 396.

[300] A respeito da responsabilidade pelo produto, e reportando-se a uma decisão de
um tribunal holandês, num dos casos do «DES» (cfr. *supra* n.º 11), mas tratando do
problema em face dos princípios do nosso sistema jurídico, CALVÃO DA SILVA, «Causalidade...», cit., pp. 467 e ss., considera o dano imputável a todos os «responsáveis prová-
veis» do dano. Na realidade, «deve ser considerado como suficiente – mas necessária –
a prova de uma probabilidade razoável de o requerido ser responsável no caso concreto».

[301] Não esqueça que tem pelo menos que existir uma acção do agente, a qual só
suscita um problema de causalidade alternativa se for potencialmente lesiva. O que
sucede nesta constelação típica é que existem várias actuações potencialmente lesivas
mas não conseguimos determinar qual causou, de facto, a lesão.

[302] Cfr. Parte III.

A «Multicausalidade» em especial 111

caso de causalidade alternativa, por definição, o juiz deve presumir a imputação *quanto a todos os sujeitos que aumentam (pelo menos em abstracto) o risco de lesão. I.e.*, quanto a todos os potenciais agentes presume-se a causalidade e todos serão, em suma, responsáveis ([303]). A solução não só é coerente com o que dissemos até aqui como é aquela que melhor permite tutelar o ambiente ([304]).

§ 5.º Responsabilidade solidária ou conjunta?

55. Para terminar esta parte da exposição, falta ainda dar resposta a um derradeiro (importante) problema: o da repartição concreta da responsabilidade pelos vários agentes. Até aqui dissemos que, nas várias constelações típicas apresentadas, todos os agentes são responsáveis: impõe-se, pois, agora determinar em que termos.

Ora, a regra deve ser a responsabilidade solidária de todos os intervenientes, sem prejuízo do direito de regresso (cujo exercício permitirá, nas relações internas, demonstrar diferente proporção de responsabilidade). Isso mesmo decorre da aplicação dos princípios gerais do nosso ordenamento ([305]), para além de permitir evitar a transferência das dificuldades de prova da identificação dos autores para a identificação do contributo concreto de cada um deles. Solução diferente – que obrigasse a vítima a propor acção contra cada um dos lesantes pela parte dos danos por que é responsável – obrigaria, na verdade, a identificar o contributo concreto de cada agente nos danos totais, inviabilizando-se assim, por esta outra via, a operatividade do instituto da responsabilidade civil ambiental ([306]) ([307]).

([303]) Naturalmente que se admite, como vimos, a ilisão da presunção. Sucede porém que se nos encontramos perante uma hipótese de causalidade alternativa é necessariamente porque existem vários potenciais lesantes que criaram ou aumentaram o risco de lesão (*i.e.,* todos podem ter causado o dano, apenas não se sabendo qual o causou efectivamente). Nestes termos, provar que não houve criação ou aumento do risco (*i.e.,* provar que aquele sujeito não pode ter causado o dano) equivale, na realidade, a provar que não nos encontramos perante uma hipótese de causalidade alternativa.

([304]) Assim se confirmando a correcção das soluções que vimos *supra*.

([305]) Cfr. arts. 497.º e 507.º do Código Civil; cfr. também art. 73.º/4 do Decreto-lei n.º 268/98, de 1 de Agosto.

([306]) Esta solução, todavia, nem sempre é aceite. POSPICH, *Haftung...,* cit., pp. 133 e ss., admite a solidariedade apenas para os casos de causalidade alternativa, por aplicação do § 840 (porque todos tiveram um contributo que ou levou ou podia ter levado ao

112   *Causalidade e Imputação na Responsabilidade Civil Ambiental*

56. Especial ponderação é, no entanto, devida no caso dos «pequenos emitentes» (*Kleinemittenten*) [308]. Frequentemente, o resultado lesivo resulta de contribuições causais muito diversas de alguns «grandes emitentes» e de muitos «pequenos emitentes» (*v.g.*, automóveis) [309]. Ora, admitindo a solução da responsabilidade solidária, poderíamos ser conduzidos à absurda conclusão de que um «pequeno emitente» seria responsabilizado por um dano para o qual só em termos ínfimos contribuiu. Mas nem por isso se deve afirmar, pelas razões expostas, o carácter conjunto da responsabilidade. Antes tem a doutrina procurado obviar a uma solução deste tipo com recurso a expedientes vários [310]. Quanto a nós, o problema é prévio ao da repartição da responsabilidade e resolve-se perguntando se o sujeito verdadeiramente criou ou aumentou um *risco juridicamente relevante* de verificação do efeito lesivo: ou seja, o problema é, também aqui, de interpretação da norma jurídica. Se o seu contributo para o dano existe mas é insignificante no contexto do processo poluente global, não é possível afirmar-se que ele aumentou o risco não permitido ou previsto pela norma. Em suma, o «pequeno emitente» mantém-se na *esfera do risco permitido,* não podendo, consequentemente, ser responsabilizado civilmente.

---

dano, e porque seria beneficiar os potenciais lesantes afastar a responsabilidade só porque existem outras causas possíveis). As situações de causalidade cumulativa e aditiva gerariam responsabilidade conjunta, já que nada permitiria fundar a solidariedade.

[307] A solução deve ser esta, mesmo nos casos de causalidade aditiva. Um problema particular coloca-se, não obstante, neste âmbito: é que o carácter perigoso do contributo do agente pode não ocorrer isoladamente mas apenas quando conjugado com os contributos de outros sujeitos. A solução para esta hipótese depende, a nosso ver, da interpretação da norma legal violada (no caso da responsabilidade subjectiva) ou da norma legal de imputação pelo risco, com vista a determinar se mesmo nesse caso houve aumento do risco não permitido/previsto por essa norma (assim, por exemplo, ao abrigo da lei de responsabilidade ambiental alemã, sendo de todo imprevisível a potenciação decorrente da mistura com emissões de outras instalações, poderá equiparar-se a situação a um caso fortuito, excluindo-se a imputação nos termos do § 4. Nestes termos, POSPICH, *Die Haftung...*, cit., pp. 148 e 149, entende que, em tais casos, só devem ser considerados causais os contributos correspondentes a uma causalidade cumulativa).

[308] Cfr. *supra* nota 87 referências ao problema.

[309] Cfr. LYTRAS, *Zivilrechtliche...,* cit., pp. 418 e 419.

[310] Para a sua síntese e crítica, cfr. LYTRAS, *Zivilrechtliche...,* cit., pp. 429 e ss..

PARTE V

A IMPUTAÇÃO DOS DANOS AMBIENTAIS
DE JURE CONDENDO

§ 1.º A necessidade de regulação legal

57. Analisados os problemas da causalidade e imputação na responsabilidade civil ambiental *de jure condito, i.e.*, na ausência de normas legais especificamente adaptadas à fisionomia dos danos ambientais e às características do respectivo processo causal, impõe-se agora perguntar se é necessário ou conveniente a regulação legal da matéria no ordenamento jurídico português, à semelhança do que sucede, desde há décadas, na maior parte dos ordenamentos continentais.

Ora, da própria complexidade e especialidade da matéria que nos ocupou transparece essa necessidade regulatória. Defendemos que, por via doutrinária e sobretudo jurisprudencial, é possível encontrar soluções para a generalidade dos problemas que se colocam. Aventámos, na verdade, vias de resposta que ponderam – parece-nos – a especialidade da responsabilidade no domínio ambiental, conjugando os interesses contrapostos de tutela do ambiente e da vítima, por um lado, e do lesante, por outro lado. Assim se pôde, trabalhando com institutos e instrumentos clássicos, alcançar um quadro da responsabilidade ambiental suficientemente claro em face da omissão legislativa na matéria.

Simplesmente, toda a solução interpretativamente alcançada só muito limitadamente garante – sobretudo num campo como o do Ambiente – os valores em jogo, pois que lhe falta o carácter cogente próprio da norma legal e, com isso, a capacidade de acautelar a certeza e segurança jurídicas nesta área. Mais ainda, apontámos em alguns momentos da nossa análise a necessidade de abdicar das soluções que qualificámos como as mais correctas e adequadas do ponto de vista dogmático e prático, devido ao défice dos instrumentos jurídicos de que dispúnhamos no Direito vigente: anunciámos, na verdade, uma não coincidência entre as solução *de jure condito* e *de jure condendo*.

Aspectos como a ausência de meios ao dispor da vítima para demonstrar a *concreta* criação ou aumento do risco (*maxime* acesso à informação junto do potencial lesante) determinaram, por exemplo,

116 *Causalidade e Imputação na Responsabilidade Civil Ambiental*

– recorde-se ([311]) – a necessidade de o juiz exigir da vítima tão-somente a prova da criação ou aumento de um risco *avaliado em abstracto*, quando é certo que, em rigor técnico, se deverá (como vimos) ser mais exigente.

Estas duas considerações confirmam, pois, a necessidade de o legislador português consagrar soluções específicas e adaptadas à configuração do pressuposto do nexo de causalidade na responsabilidade civil ambiental. Como sugerimos já, a necessidade de transpor a directiva comunitária 2004/35/CE, relativa à responsabilidade ambiental em termos de prevenção e reparação de danos ambientais, tenderá a constituir momento favorável à reflexão sobre a matéria ([312]).

§ 2.º Linhas de solução

58. Assente a necessidade de regular legalmente a matéria da causalidade na responsabilidade civil ambiental, impõe-se fornecer as principais linhas orientadoras dessa regulação. Há, quanto a nós, alguns linhas de resposta que devem orientar o legislador. Vejamo-las sucessivamente.

1.ª) No que respeita, antes de mais, ao âmbito de aplicação a atribuir à solução a consagrar em matéria de causalidade, deve esta referir-se a todo o universo dos danos ambientais entendidos em sentido amplo, *i.e.*, de modo a abranger não só os danos ambientais, mas também os danos ecológicos ([313]). Não deve, pois, tal solução ser prevista apenas para o âmbito de aplicação da directiva comunitária (que se limita aos danos causados no ambiente), tal como não deve, ao invés, ter o seu alcance restringido aos danos causados a pessoas ou bens por força de um efeito ambiental negativo, como sucede com a lei de responsabilidade ambiental alemã. Os problemas de causalidade que se colocam num e noutro tipo de dano são substancialmente equivalentes, pelo que se reclama para os mesmos uma resposta unitária. A complexidade da tarefa de atribuição ao requerido do resultado lesivo não é, na realidade, distinta consoante esse resultado é um dano na natureza em si ou um dano em pessoas ou bens

---

([311]) Cfr. *supra* n.º 46.

([312]) Embora a directiva nada disponha em matéria de nexo de causalidade (limitando-se a referir a relevância do estabelecimento do nexo causal entre o facto e o dano sem concretizar os termos concretos em que o mesmo deve ser estabelecido), esta naturalmente que não impede os Estados-membros de legislar nesse âmbito, tanto mais que esse caminho já foi trilhado em grande parte dos ordenamentos.

([313]) Seja num mesmo ou em diplomas jurídicos diferenciados.

A *Imputação dos Danos Ambientais* de Jure Condendo   117

causado através da natureza: o processo causal é o mesmo, apresenta as mesmas especificidades e comporta as mesmas dificuldades que atrás descrevemos; o que varia apenas é o bem jurídico atingido a final. De resto, dúvidas não pode haver quanto a essa analogia substancial de problemas, já que, tipicamente, o mesmo processo poluente dá origem, simultaneamente, a danos ambientais e a danos ecológicos, com o sentido referido. Como justificar, num caso como esse, por exemplo, a facilitação da prova do nexo causal à vítima de danos ambientais e não ao requerente da indemnização de danos ecológicos, ou vice-versa?

2.ª) Em segundo lugar, a solução a consagrar deve passar por regras ao nível da repartição do ónus da prova da causalidade e não por uma alteração quanto ao grau ou medida de prova exigido (estabelecendo-se, *v.g.*, a suficiência da *probabilidade* do nexo causal), alteração esta que, abrindo desnecessárias brechas no sistema probatório vigente, só resolveria uma parte muito limitada dos problemas identificados ([314]). Assim, nada deve dispor-se quanto ao grau de prova que, nos termos gerais, corresponderá à prova *stricto sensu*, tal como tem sido entendida.

3.ª) Verificada a insuficiência do recurso à prova *prima facie* no domínio ambiental ([315]), a resposta aos problemas que se colocam terá que passar pela consagração de uma presunção legal de causalidade, à semelhança da opção dos legisladores norueguês, austríaco e alemão, por exemplo. Concretamente, conforme afirmámos já ([316]), a *Umwelthaftungsgesetz* alemã – que constitui o mais pormenorizado instrumento jurídico na matéria – e a extensa elaboração doutrinária ([317]) em torno da mesma, constituem úteis bases de trabalho.

4.ª) Deve, então, estabelecer-se uma presunção de que os danos são imputáveis ao agente se a vítima demonstrar que a instalação em causa criou ou aumentou o risco da verificação do efeito ambiental negativo, tendo em conta as circunstâncias do caso. Ou seja, exige-se a prova da criação/aumento do risco (a avaliar em concreto), presumindo-se a respectiva materialização. Uma presunção construída nestes termos é legí-

---

([314]) Cfr. *supra* n.º 42.
([315]) Mesmo fazendo revelar por esta via a probabilidade estatística. Cfr. *supra* n.º 42.
([316]) Cfr. *supra* n.º 15.
([317]) E, muito em especial, as críticas formuladas a esse texto legal, bem como as dificuldades reveladas pela *praxis*.

118 *Causalidade e Imputação na Responsabilidade Civil Ambiental*

tima – porque assenta no risco que a instalação concretamente criou ou aumentou e obedece aos princípios jus-ambientais transversais ao ordenamento jurídico – mas só cumprirá as finalidades que lhe são adstritas ([318]) contanto que, por um lado, sejam suficientemente especificados os elementos a que o juiz deve atender na avaliação da criação/ /aumento do risco e, por outro lado, a vítima disponha dos meios que lhe facultem fazer a demonstração referida.

5.ª Por essa razão, deve indicar-se exemplificativamente, à semelhança da lei alemã, quais esses elementos que devem ser considerados pelo juiz, sendo que a respectiva fixação pelo legislador deve ser feita em função de directrizes técnicas a apurar ([319]) e envolverá, *v.g.*, factores como o modo de funcionamento da instalação, os produtos utilizados, as condições metereológicas, o tempo e o lugar do dano, etc.; nomeadamente, deverá, porventura, ser referida de modo expresso – como meio para garantir a correcta aplicação prática da presunção legal ([320]) – a relevância de estudos científicos que permitam extrair conclusões a respeito da probabilidade de ocorrência do dano em circunstâncias como as do caso em apreço.

6.ª) Também para assegurar a operatividade da presunção legal de causalidade a instituir, é imprescindível consagrar-se entre nós o direito do lesado a exigir do potencial lesante as informações necessárias à demonstração da base da presunção (a criação ou aumento do risco em concreto), devendo ser explicitada idêntica pretensão de informação junto das autoridades públicas com responsabilidades em matéria ambiental [os diversos organismos co-envolvidos nos processos autorizativos ambientais ([321]), bem como em procedimentos inspectivos, etc.] ([322]).

([318]) *I.e.*, assegurar que a responsabilidade civil se mantém como instituto jurídico operativo no domínio do Ambiente, garantindo a tutela ambiental e a protecção da vítima de danos ambientais.

([319]) O entrelaçamento entre o Direito e a Técnica é, na realidade, especialmente evidente no domínio do Ambiente. Sobre o tema, cfr. TIAGO ANTUNES, *O Ambiente entre o Direito e a Técnica,* AAFDL, Lisboa, 2003.

([320]) Embora naturalmente não seja necessário.

([321]) Cfr.. sobretudo a Lei de Avaliação de Impacto Ambiental (Decreto-lei n.º 69/ /2000, de 3 de Maio) e o Regime Jurídico da Licença Ambiental (Decreto-lei n.º 194/ /2000, de 21 de Agosto).

([322]) Dizemos «explicitar» porque, pelo menos em alguma medida, a possibilidade de obter essas informações já ocorre em geral, por aplicação das regras do procedimento administrativo.

A *Imputação dos Danos Ambientais* de Jure Condendo   119

7.ª) No que à pretensão de obtenção de informação junto do potencial lesante se refere, deve a mesma ser estabelecida em termos significativamente amplos – mais amplos, por exemplo, do que aqueles com que se apresenta no ordenamento jurídico alemão ([323]). Por um lado abrangerá ([324]) toda a informação relevante a respeito do processo de fabrico, materiais utilizados, emissões libertadas, bem como outros elementos a definir pelo legislador; por outro lado, condição do exercício desse direito à informação será apenas a demonstração pela vítima de que uma instalação *daquele tipo* é *abstractamente* susceptível de ter criado ou aumentado o risco de verificação do dano ocorrido ([325]). Ou seja, se é certo que para a presunção actuar é necessário que a vítima demonstre, em concreto, que a instalação criou/aumentou o risco em causa, para a vítima ter acesso à informação (justamente necessária a fazer aquela demonstração) basta a susceptibilidade abstracta de aquela instalação ter causado os danos. Solução mais exigente colocaria o direito à informação, que visa facultar a prova concreta da criação do risco, na dependência da demonstração dessa criação do risco, que se visa facilitar.

8.ª) Ainda no que diz respeito ao direito à informação junto do operador da instalação, deve a lei cominar expressamente que a recusa de prestação de informações faz actuar a presunção de causalidade, independentemente da prova levada a cabo pela vítima. Na ausência de uma previsão como a descrita, a efectividade do direito referido não será, na realidade, garantida: assim sucederá, por exemplo, se o problema for remetido para a livre apreciação do julgador ([326]).

([323]) Recorde-se (cfr. *supra* n.º 14) que neste ordenamento o acesso à informação supõe que haja «factos que justifiquem assumir que a instalação causou o dano» (§ 8.º). Daí as críticas (severas) lançadas à solução do legislador alemão. Cfr. *supra* nota 64.

([324]) Aqui em termos equivalentes ao que se prevê na lei alemã.

([325]) E não se diga como, por exemplo, POSPICH, *Haftung*..., cit., pp. 76 e ss. (cfr. referência anterior à posição deste A. *supra* nota 66), que a consagração de um direito à informação como o descrito torna desnecessária a consagração de uma presunção de causalidade em matéria ambiental. Pense-se, para se compreender como esta posição está longe da realidade dos factos, nos casos de multicausalidade. Em situações deste tipo, a informação obtida permitirá fazer a prova de que a instalação pelo menos criou ou aumentou o risco não permitido ou previsto da norma. Já não permitirá, todavia, provar que foi aquele risco concreto que se materializou no resultado lesivo. Aí justifica-se, plenamente, o funcionamento da presunção legal, nos termos que definimos.

([326]) Que, na ausência de cominação especial, é a resposta que tem prevalecido na doutrina alemã.

9.ª) O legislador português que venha a regular a matéria da causalidade deve ainda estabelecer que a presunção cessa no caso de o operador demonstrar que utilizou as «Melhores Técnicas Disponíveis» (MTDS).

Não significa a afirmação feita que se exclua a responsabilidade no caso de o operador fazer a referida demonstração: apenas se não justifica presumir que a instalação, operada de acordo com as MTDS, causou o dano. Ao lesado fica em aberto a possibilidade de fazer a prova autónoma, nos termos gerais, do nexo de causalidade.

Note-se que a prova da utilização das MTDS é algo de conceptualmente distinto da prova do cumprimento dos deveres legais e regulamentares de funcionamento das instalações, ainda que, por força do crescente recurso à fórmula MTDS por parte do legislador, tenda a estabelecer-se alguma equivalência nos conceitos.

A questão que agora se suscita apenas deve ser colocada, entre nós, no caso de passar a vigorar um regime responsabilidade pelo risco. No âmbito da responsabilidade subjectiva, não pode, na realidade, o agente ser responsabilizado independentemente da observância dos deveres referidos, pois que deve entender-se que os actos autorizativos jurídico-públicos têm um efeito de exclusão da ilicitude ([327]). Se assim é, no caso de esse cumprimento ocorrer, o problema do nexo causal entre facto e dano não chega a colocar-se: a responsabilidade falha porque falta a ilicitude, pressuposto central da responsabilidade civil subjectiva.

Já no caso da responsabilidade civil objectiva, cumpre ponderar se, apesar de não ser pressuposto da obrigação de indemnizar a ilicitude do facto, não deve uma eventual presunção de causalidade a construir ser excluída quando o operador demonstre que acatou todos os deveres que lhe foram impostos nos actos jurídico-públicos – solução da *UmweltHG* alemã ([328]) – ou, pelo menos, quando este prove que utilizou a melhor tecnologia disponível.

Quanto a nós, apenas nesta segunda hipótese (provar o agente a utilização das MTDS) deve ser afastada a presunção de causalidade.

No ordenamento jurídico português, o conceito de MTDS foi legalmente introduzido em 2000 com o Regime Jurídico da Licença

---

([327]) Neste sentido, GOMES CANOTILHO, «Actos autorizativos jurídico-públicos e responsabilidade por danos ambientais», BFDUC, 1993, pp. 1-59. Diferente poderá ser o problema no caso de invalidade do acto autorizativo (*idem*, pp. 49 e ss.).

([328]) Cfr. *supra* n.º 16.

A *Imputação dos Danos Ambientais* de Jure Condendo 121

Ambiental ([329]), que define MTDS como «a fase de desenvolvimento mais avançada e eficaz das actividades e dos respectivos modos de exploração, que demonstre a aptidão prática de técnicas específicas para constituir, em princípio, a base dos valores limite de emissão com vista a evitar e, quando tal não for possível, a reduzir de um modo geral as emissões e o impacte no ambiente no seu todo» ([330]).

Trata-se, em termos simplificados, de conceito que visa permitir o acompanhamento da constante mutação da técnica. Através das cláusulas MTDS – verdadeiras cláusulas de progresso técnico-científico ([331]) – os operadores das instalações susceptíveis de produzirem efeitos ambientais nocivos são obrigados a adaptarem-se «constantemente às inovações tecnológicas traduzidas na criação de mecanismos e formas mais efectivas de combate à poluição» ([332]). Deste modo, «o Direito alia-se à Técnica, acompanhando-a *pari passu* e nunca se deixando ultrapassar por ela» ([333]). Em suma, enquanto que os *standards* ambientais são estáticos, as MTDS correspondem a um conceito dinâmico, nessa medida especialmente adaptado ao domínio ambiental ([334])([335]).

Quer quando as próprias licenças ambientais prescrevam a obrigatoriedade do recurso às MTDS – caso em que a sua não utilização representará, ela própria, um incumprimento de deveres de funcionamento – quer quando não estabeleçam tal dever, ao operador da instalação deve ser facultada a prova de que utilizou as MTDS como forma de obstar à aplicação da presunção de causalidade.

Pelo contrário, para que a presunção não actue não é suficiente em geral a simples prova do cumprimento dos deveres de funcionamento da instalação ([336]) fixados em normas legais e regulamentares ou em actos

---

([329]) Decreto-lei n.º 194/2000, de 21 de Agosto.

([330]) Art. 2.º, n.º 1, al. j).

([331]) Cfr. TIAGO ANTUNES, *O Ambiente...*, cit., p. 72.

([332]) TIAGO ANTUNES, *O Ambiente...*, cit., p. 72.

([333]) TIAGO ANTUNES, *O Ambiente...*, cit., pp. 73 e 74.

([334]) No âmbito do regime jurídico da licença industrial conjugam-se *standards* ambientais e cláusulas MTDS, já que a licença ambiental fixa valores limite de emissão de substâncias poluentes, ao mesmo tempo que impõe a utilização das melhores técnicas disponíveis.

([335]) A exigência de desenvolvimento e introdução das melhores técnicas disponíveis é corolário do princípio da precaução. Cfr., *v.g.*, ANA FREITAS MARTINS, *O Princípio...*, cit., p. 57.

([336]) Excepção são os casos, cada vez mais frequentes, em que esses deveres compreendem a utilização das MTDS.

administrativos, contrariamente à orientação que foi seguida pelo legislador alemão [337][338] – pense-se, por exemplo, no caso de o operador provar que cumpriu *standards* ambientais, como os valores máximos das emissões poluentes fixados na licença. Excluir a presunção com semelhante fundamento é incoerente com a estipulação de uma responsabilidade que precisamente visa funcionar de modo independente da violação dos deveres de funcionamento a cargo do operador da instalação [339], equivalendo, como vimos, a fazer a ilicitude «entrar pela porta de trás». Por outro lado, esquece-se, deste modo, o carácter estático dos *standards*, que, bem ao contrário do que sucede com a remissão para as MTDS, rapidamente se tornam obsoletos. Por outro lado, a principal vantagem associada à não aplicação da presunção quando o operador prove o cumprimento dos deveres operacionais que lhe incumbem – o incentivo ao cumprimento dos deveres ambientais [340] – naturalmente que melhor fica garantida se apenas se excluir a presunção quando for fornecida prova de que foi utilizada a melhor tecnologia disponível.

Em suma, em vez de contraprovar a criação do risco no caso concreto (cuja prova incumbe à vítima), o operador pode provar que utilizou as MTDS, de tal maneira que será afastado o funcionamento da presunção de causalidade. Neste caso, a vítima, para conseguir responsabilizar o agente, terá que demonstrar os dois passos do juízo de imputação: criação ou aumento do risco em concreto e materialização do risco.

Poderia, é certo, optar-se pela solução de fazer aplicar a presunção de causalidade ainda nos casos em que foi utilizada a melhor tecnologia disponível, já que, para a presunção actuar, necessário seria sempre a

---

[337] Cunhal Sendim, *Responsabilidade...*, cit., 2002, p. 45, reportando-se, pelo menos aparentemente, ao regime jurídico alemão, escreve que «a presunção pode, em alguns casos cessar, caso o potencial lesante prove que utilizou a melhor tecnologia disponível». O que dispõe a lei alemã de responsabilidade ambiental, todavia, é que a presunção cessa caso o operador demonstre que os deveres de funcionamento da instalação foram cumpridos.

[338] Cfr. *supra* n.º 16 as críticas de que foi objecto a referida opção legislativa. Autores há, todavia, que, bem ao contrário, entendem que a inversão do ónus da prova só se justifica no caso de violações graves dos deveres legais. Assim, por exemplo Lytras, *Zivilrechtliche...*, cit., pp. 373 e 374.

[339] Assim, por exemplo, em face da lei alemã, excluir a presunção quando tenha havido cumprimento dos deveres de funcionamento a cargo do operador significa, em termos práticos, excluir a presunção na quase totalidade das situações de responsabilidade a que a *UmweltHG* visa aplicar-se. Notando este ponto, cfr. Steffen, «Verschuldenshaftung...», cit., p. 1820.

[340] Cfr. *supra* n.º 16.

A *Imputação dos Danos Ambientais* de Jure Condendo

prova, pela vítima, da criação ou aumento do risco, o que, no caso de terem sido utilizadas as MTDS, se revestirá de dificuldades acrescidas mas não será impossível. No caso de a vítima, não obstante tais dificuldades, lograr fazer a prova referida, razões não haveria, sob esta perspectiva, para não se aplicar a presunção de causalidade. Simplesmente, em sentido contrário, é decisiva a consideração de que uma presunção de causalidade recaindo sobre um operador que utilizou as MTDS tende a perder legitimidade ([341]), e, sobretudo, depõe no sentido que defendemos a função de incentivo à constante actualização tecnológica *pro* ambiente que deste modo se garante ([342]).

Em suma, a presunção não se aplicará se o operador provar a utilização das melhores técnicas disponíveis.

10.ª) Para terminar, o legislador ambiental português deve dar resposta expressa aos problemas de multicausalidade, quando tal se imponha.

No que à causalidade cumulativa diz respeito, não é necessária qualquer regulamentação expressa: prevendo-se a presunção de causalidade não só para o caso de *criação* mas também de *aumento* do risco pela instalação, dúvidas não pode haver quanto à responsabilização dos vários autores cumulativos (na verdade, nesta constelação típica, como vimos, existe, por definição, um incremento do risco de lesão pelos diversos agentes, presumindo-se, pois, a causalidade).

Quanto à causalidade alternativa, é também certo que todas as instalações criaram ou aumentaram o risco de lesão ambiental (não havendo causalidade alternativa se tal não suceder), pelo que a presunção se aplica ([343]); todavia, tendo em conta as especiais dificuldades que os casos de causalidade alternativa tendem a levantar, afigura-se conveniente determinar expressamente que a presunção não é excluída pelo facto

---

([341]) Embora o agente possa vir a ser responsabilizado, faz sentido que, neste caso, a «ajuda» conferida à vítima na prova da criação/aumento do risco seja menor (apenas poderá socorrer-se do exercício do direito à informação que deverá ser legalmente consagrado).

([342]) Todavia, sempre se reconhece, com POSPICH, *Die Haftung...,* cit., p. 70, que essa finalidade nunca pode ser completamente alcançada, pois que, do ponto de vista económico, pode ser mais compensador para o operador da instalação não adoptar a melhor tecnologia disponível (que envolve elevados custos) e optar por pagar prémios de seguro mais elevados (os quais variam, no seguro de responsabilidade civil ambiental, em função do risco poluente criado pela instalação, que depende da tecnologia utilizada).

([343]) Cfr. o que vimos *supra* n.º 54.

de haver outras instalações em condições de terem provocado (por si só) o mesmo dano.

Os casos de causalidade aditiva não reclamam tratamento específico, pois que há, indubitavelmente, criação/aumento do risco pelas diversas instalações envolvidas no processo causal.

Já a respeito dos termos da responsabilidade, deve o legislador consagrar expressamente a regra da solidariedade quando haja vários agentes responsáveis, permitindo, claro está, o exercício do direito de regresso, de forma tal que, ao nível das relações internas, a responsabilidade (logrando-se a prova) será proporcional ao risco criado ou aumentado por cada agente.

Finalmente, no que se refere aos «pequenos emitentes», não se impõe qualquer regulamentação legal específica, uma vez que aqueles não criam (sequer) um risco juridicamente desaprovado de produção do dano ([344]).

([344]) Caberá, pois, ao julgador determinar, perante cada caso concreto (por interpretação da norma), se o risco criado ou aumentado pelo agente atingiu o limiar da respectiva relevância jurídica.

CONCLUSÕES

A revisão da dogmática clássica da responsabilidade civil, insistentemente reclamada, surge como inexorável imposição de problemas novos em áreas diversas, que tornam urgente repensar todo o sistema tradicional de imputação, desde as matérias da ilicitude e da culpa até ao nexo de causalidade. No domínio do Ambiente, a necessidade de reanalisar e encontrar novas respostas quanto aos pressupostos da responsabilidade civil assume-se com muito especial intensidade: assim, de um sistema predominantemente assente na violação culposa de deveres legais, onde a responsabilidade objectiva é a excepção, evolui-se aí – num percurso hoje já irreversível – para um sistema centrado essencialmente na lógica da responsabilidade pelo «risco», tutelando-se, pois, ambiente e vítima mesmo ali onde inexiste ou não é possível a prova da ilicitude ou da culpa. Subsiste, todavia, o problema do nexo de causalidade, que investigamos. Este assume-se hoje como a questão central no âmbito da responsabilidade civil ambiental: na verdade, a fisionomia típica do dano ambiental e do respectivo processo causal tornam remota a possibilidade de encontrarmos clareza científica nessa área, devido ao modo de actuação dos poluentes, às frequentes hipóteses de multicausalidade (concorrendo, por vezes, causas naturais e humanas), e devido ainda ao prolongamento no tempo e no espaço do processo poluente, gerando «danos tardios» e «danos à distância», que mais evidenciam as anunciadas dificuldades na detecção do nexo causal entre facto e dano. Essas dificuldades não se circunscrevem, de resto, à área da responsabilidade subjectiva: também quando a imputação se funde no risco se impõe relacionar o comportamento (ainda que lícito) do agente com o dano ocorrido, o que não significa, todavia, negar eventuais diferenças no apuramento do nexo causal num e noutro casos (**Introdução**).

Impõe-se, então, repensar os problemas da causalidade no domínio ambiental, flexibilizando as exigências dogmáticas e probatórias a esse nível (o que não equivale a prescindir do pressuposto em causa), com vista a garantir que a responsabilidade civil se mantém como instituto juridicamente operativo na tutela do ambiente. Para tal, face à ausência de ponderação legislativa específica da matéria no nosso ordenamento jurídico, devemos partir da análise das principais soluções que têm sido seguidas nos ordenamentos estrangeiros: as soluções da *Common Law* – onde, perante a impossibilidade de determinar os responsáveis concretos pelo dano, se chega a mesmo a uma responsabilidade *pro quota* (*v.g.* distribuição da responsabilidade em função de «quotas de poluição» com a *pollution share liability theory*) – são incompatíveis com princípios basilares do nosso sistema jurídico; maior interesse tem, por isso, considerar as soluções dos ordenamentos continentais, agrupadas em torno de dois pólos: de um lado, a atenuação do grau ou medida da prova (suficiência da probabilidade do nexo causal); de outro, a consagração de presunções de causalidade (como sucede com a *Umwelthaftungsgesetz* alemã, cuja análise apresenta especial interesse). A Directiva comunitária sobre responsabilidade ambiental, por seu lado, nada dispõe a respeito do nexo de causalidade, permanecendo o problema em aberto **(Parte I).**

Na busca de soluções para o mesmo, dois planos devem, então, ser analisados sucessivamente: deve, num primeiro plano, testar-se a aplicabilidade concreta das diversas teorias da causalidade e imputação no domínio ambiental, impondo-se, só depois, encarar o problema sob a perspectiva da prova.

Ora, se de uma causalidade puramente naturalística (assente na *conditio sine qua non*) se evoluiu, sobretudo com as teorias da adequação e do fim da norma, para uma causalidade jurídica (surgindo a *causalidade* como problema de *imputação*), certo é, todavia, que mesmo estas últimas fórmulas não podem ser utilizadas no domínio ambiental. Ambas supõem, como base da imputação, a *conditio sine qua non*, restringindo-a através da selecção dos danos juridicamente relevantes. O problema do nexo causal no domínio ambiental é, no entanto, e antes de mais, o da impossibilidade (subjectiva ou mesmo objectiva) de demonstrar a causalidade natural entre facto e dano, de tal maneira que falham à partida todas as teorias que supõem a causalidade natural como base da imputação. O trabalho de construção de uma teoria juridicamente operativa de imputação tem, pois, que partir do reconhecimento deste pressuposto negativo essencial. Nem por isso, todavia, deve recorrer-se a fórmulas como a da «causalidade estatística» (que autonomamente considerada conduziria a uma responsabilidade fundada em «suspeitas»), ou da «causalidade pragmática» (que constitui fórmula vazia). Antes se impõe procurar um critério valorativamente adequado e juridicamente operativo de imputação, que, compatibilizando os vários interesses em jogo, funcione como efectivo instrumento jurídico útil na identificação do nexo causal no caso concreto. Nesta linha, a solução dogmática e pragmaticamente correcta para o problema deve partir da ideia central de *risco*: não só a flexibilização que procuramos dos critérios de imputação se impõe em função de princípios jus-ambientais assentes na ideia de risco (*maxime,* o princípio da prevenção), como essa ideia nem sequer é estranha no domínio das teorias da imputação. Apesar de nunca ter logrado eco significativo, chegou a defender-se na doutrina civilista o recurso a uma imputação fundada na definição de áreas de risco, e sobretudo, com maior precisão, no Direito penal domina hoje a teoria da «conexão do risco», que pode ser adaptada com resultados surpreendentes à responsabilidade ambiental. Assim, deve entender-se que o dano ambiental é imputável ao agente quando este concretamente *cria ou aumenta um risco* não permitido (no caso da responsabilidade subjectiva) ou um risco previsto na norma legal (no caso da responsabilidade objectiva) e *o resultado lesivo é materialização ou concretização desse risco.* Deste modo se alcançam soluções bem mais adequadas à tutela do ambiente, porque mais flexíveis do que as teorias de base estritamente naturalística, ao mesmo tempo que se garante a função de limitação da responsabilidade que todo o critério de imputação deve cumprir (**Parte II**).

O recurso à fórmula da «conexão do risco» não pode, todavia, ter a pretensão de resolver, por si só, os problemas da causalidade no domínio ambiental, impondo-se, pois, uma análise ao nível probatório. Questiona-se aqui, primariamente, a legitimidade e conveniência de uma atenuação do grau de prova que conduza a abandonar, em matéria ambiental, a regra da prova *stricto sensu,* substituindo-a pela exigência de convicção do juiz sobre a mera *probabilidade* (razoável ou predominante) do nexo causal. A solução deve ser negada. Para além da respectiva legitimidade não ser clara, esta resposta é insuficiente (conforme a análise dos ordenamentos da *common law* – onde a *probabilidade* é grau de prova geral – documenta) e, por outro lado, desnecessária: em causa está, não a prova da *conditio sine qua non,* mas apenas da criação/aumento do risco, o que é bem menos, além de que as regras de probabilidade sempre relevam indirectamente para a formação da convicção do juiz, relevando ainda, com especial intensidade, a prova indiciária (*maxime,* a prova *prima facie* ou de primeira aparência).

Não obstante, se é certo que a atenuação do grau de prova não resolve os problemas com que nos defrontamos, também cumpre reconhecer que a manutenção do grau de convicção do juiz que vale em geral (*i.e.*, a convicção sobre a verificação do nexo causal) em nada permite avançar na resolução das dificuldades que identificámos. Uma alteração das regras normais de repartição do ónus da prova reclama-se, então. Inexistindo, entre nós, qualquer presunção legal em matéria de causalidade, compete à doutrina e à jurisprudência trabalhar nessa área, admitindo-se inversões do ónus da prova fundadas não em lei expressa mas antes em princípios jurídicos ambientais, transversais ao ordenamento jurídico (*maxime,* o princípio da prevenção). As hesitações de alguma doutrina em admitir semelhante solução não são justificadas. Nestes termos, deve ser o seguinte o quadro aplicável, *de jure condito,* em matéria de causalidade: à vítima cabe demonstrar a criação ou aumento do risco pela instalação; feita essa prova, o juiz deve presumir a materialização do risco. Ou seja, a presunção é legítima porque tem em conta a dificuldade objectiva de prova da vítima, alicerçando-se no risco criado ou aumentado pela instalação e nos princípios de tutela do ambiente. Acrescente-se apenas que a prova exigida à vítima é da criação/aumento do risco a avaliar *em abstracto*: embora o rigor técnico e dogmático impusessem a demonstração pelo lesado da *concreta* criação/aumento do risco, faltam no nosso ordenamento os instrumentos jurídicos que lhe facultem fazer essa prova (*maxime,* inexiste uma pretensão de informação junto do operador da instalação poluente), de tal maneira que a conservação do papel da responsabilidade civil, no quadro actual, obriga a um aligeiramento das exigências probatórias relativas à base da presunção. O potencial lesante eximir-se-á da responsabilidade através da contraprova do risco abstracto ou da prova negativa do risco concreto. Assim se alcança uma clara e equilibrada distribuição do risco de não clarificação do processo causal no domínio ambiental (**Parte III**).

Resposta específica merecem, todavia, os problemas da multicausalidade nesta área, onde as situações de causalidade cumulativa, de causalidade aditiva, potenciada ou sinergética, bem como de causalidade alternativa não logram, através das soluções clássicas, obter respostas coerentes com os valores em jogo. Em todas estas hipóteses, impõe-se a responsabilidade solidária dos vários agentes envolvidos no processo causal: é esse, de resto, o resultado da aplicação da fórmula da «conexão de risco» e essa é, também, a solução que melhor permite tutelar o ambiente por intermédio do instituto da responsabilidade civil. Naturalmente que no caso dos «pequenos emitentes» não actua este instituto, pois que estes se movem na *esfera do risco permitido* **(Parte IV).**

Finalmente, a complexidade dos problemas identificados, bem como a necessidade de se conferir carácter cogente às soluções obtidas e de se garantir certeza jurídica na matéria (bem como ainda, em casos pontuais, a insuficiência das soluções interpretativamente alcançadas), depõem no sentido da regulação legal do problema que investigamos, devendo o legislador consagrar, no ordenamento jurídico português, soluções especificamente adaptadas à causalidade ambiental, seguindo as linhas de solução apontadas **(Parte V).**

BIBILIOGRAFIA

ABERKANE, Hassen, «Du dommage causé par une personne indétérminée dans un groupe déterminé de personnes», Revue Trimestrielle de Droit Civil, 1958, tomo 56, pp. 516-554.

ALBUQUERQUE, Pedro de, *Responsabilidade Processual por Litigância de Má Fé, Abuso de Direito e Responsabilidade Civil em virtude de Actos praticados no Processo,* Almedina, Coimbra, 2006.

ANDRADE, Manuel de, *Teoria Geral das Obrigações,* com a colaboração de Rui de Alarcão, 3.ª ed., Coimbra, Almedina, 1966.

ANTUNES, Henrique Sousa, «Ambiente e responsabilidade civil», *Estudos de Direito do Ambiente,* Publicações Universidade Católica, Porto, 2003, pp. 150-179.

ANTUNES, Luís Filipe Colaço, «Poluição industrial e dano ambiental. As novas afinidades electivas da responsabilidade civil», BFDUC, vol. LXVII, 1991, pp. 1-28.

ANTUNES, Tiago, *O Ambiente entre o Direito e a Técnica,* AAFDL, Lisboa, 2003.

BENICKE, Christoph, «Deliktische Haftung mehrerer nach § 830 BGB», Jura, 1996, Heft 3, pp. 127-135.

BETLEM, Gerrit «Strict environmental liability and NGO damages and enforcement claims: a Dutch and International Law Perspective», EELR, Novembro 2001, pp. 314-321.

BRANS, Edward H.P., *Liability for Damage to Public Natural Resources. Standing, Damage and Damage Assessment*, Kluwer Law International, The Hague-London-New York, 2001.

——, «The EC White Paper on Environmental Liability and the recovery of damages for injury to public natural resources», in BOWMAN/BOYLE, *Environmental Damage in International and Comparative Law. Problems of Definition and Valuation,* Oxford University Press, Oxford, 2002, pp. 323-337.

BREHM, Wolfgang, «Zur Haftung bei alternativer Kausalität», JZ, n.º 18, Setembro 1980, pp. 585-590.

CANOTILHO, José Joaquim Gomes, «Actos autorizativos jurídico-públicos e responsabilidade por danos ambientais», BFDUC, 1993, pp. 1-59.

CARVALHO, Américo A. Taipa de, *Direito Penal. Parte Geral,* vol. II, Teoria Geral do Crime, Publicações Universidade Católica, Porto, 2004.

132 *Causalidade e Imputação na Responsabilidade Civil Ambiental*

Coelho, Francisco Manuel Pereira, *O Problema da Causa Virtual na Responsabilidade Civil,* Reimp., Almedina, Coimbra, 1998.

Cordeiro, António Menezes, *Direito das Obrigações,* vol. 2, AAFDL, Lisboa, 1980.

——, «Tutela do ambiente e Direito civil», *Direito do Ambiente,* INA, Oeiras, 1994, pp. 378-396.

——, *Da Responsabilidade Civil dos Administradores,* Lex, Lisboa, 1997.

——, *Tratado de Direito Civil,* vol. I. – Parte Geral, tomo I, 3.ª ed., Almedina, Coimbra, 2005.

«Country Reports», EELR, vol. 10, n.º 11, Novembro 2001, pp. 306-314.

Costa, Mário Júlio de Almeida, *Direito das Obrigações,* 9.ª ed., Almedina, Coimbra, 2001.

Dias, Augusto Silva, «What if everybody did it?: sobre a incapacidade de ressonância do Direito Penal à figura da acumulação», Separata RPCC, ano 13, n.º 3, Julho-Setembro 2003.

Dias, Jorge de Figueiredo, «O Direito penal na sociedade do risco», *Temas Básicos da Doutrina Penal. Sobre os Fundamentos da Doutrina Penal. Sobre a Doutrina Geral do Crime,* Coimbra Editora, Coimbra, 2001, pp. 155-185.

——, *Direito Penal. Parte Geral,* tomo I, Questões Fundamentais. A Teoria Geral do Crime, Coimbra Editora, Coimbra, 2004.

Dörnberg, Hans-Friedrich Freiherr v., *Die Kausalitätsvermutung im deutschen Umwelthaftungsrecht. Juristische und ökonomische Analyse,* Peter Lang, Frankfurt am Main, 2002.

Esser, Josef e Eike Schmidt, *Schuldrecht,* Band I, Allgemeiner Teil, C.F. Müller Juristischer Verlag, Heidelberg, 1994.

Faure, Michael, «Economic aspects of environmental liability: an introduction», ERPL, vol. 4, n.º 2, 1996, pp. 85-109.

Fees, Eberhard, *Haftungsregeln für multikausale Umweltschäden. Eine ökonomische Analyse des Umwelthaftungsgesetzes unter besonderer Berücksichtigung multikausaler Schadensverursachung,* Metropolis Verlag, Marburg, 1995.

Fierro, Guillermo Julio, *Causalidad e imputación,* Astrea, Buenos Aires, 2002.

Frada, Manuel Carneiro, *Contrato e Deveres de Protecção,* Separata do vol. XXXVIII do Suplemento ao BFDUC, Coimbra, 1994.

——, *Direito Civil. Responsabilidade Civil. O Método do Caso,* Almedina, Coimbra, 2006.

Freitas, José Lebre de, *Introdução ao Processo Civil. Conceito e Princípios Gerais, à luz do Código revisto,* Coimbra Editora, Coimbra, 1996.

Frisch, Wolfgang, *Comportamiento Típico e Imputación del Resultado* (trad. cast. da ed. alemã de 1988), Marcial Pons, Madrid-Barcelona, 2004.

Giovanni, Francesco di, *Strumenti Privatistici e Tutela dell'ambiente,* CEDAM, Pádua, 1982.

GOMES, Carla Amado, *A Prevenção à Prova no Direito do Ambiente. Em especial, os Actos Autorizativos Ambientais,* Coimbra Editora, Coimbra, 2000.

GREGER, Reinhard, *Beweis und Wahrsheinlichkeit. Das Beweiskriterium im Allgemeinen und bei den sogennannten Beweiserleichterungen,* Carl Heymanns Verlag, Köln-Berlin-Bonn-München, 1978:

HAGER, Johannes, «Der Kupolofenfall – BGHZ 92, 143ff», Jura, 1991, Heft 6, pp. 303-308.

HAGER, Günter, «Umweltschäden – ein Prüfstein für die Wandlungs- und Leistungsfähigkeit des Deliktsrecht», NJW, 1986, pp. 1961-1971.

——, «Umwelthaftung und Produkthaftung», JZ, 1990, ano 45, pp. 397- 409.

——, «Das neue Umwelthaftungsgesetz», NJW, 1991, Heft 3, pp. 134-143.

HEYES, Anthony G., «The economics of strict and fault-based environmental liability», EELR, Novembro de 2004, pp. 294-296.

JORGE, Pessoa, *Ensaio sobre os Pressupostos da Responsabilidade Civil,* Cadernos de Ciência e Técnica Fiscal, Lisboa, 1972.

KADNER, Thomas, *Der Ersatz ökologischer Schäden. Ansprüche von Umweltverbänden,* Schriften zum Umweltrecht, Band 56, Duncker & Humblot, Berlim, 1995.

LA FAYETTE, Louise de, «The concept of environmental damage in international liability regimes», in BOWMAN/BOYLE, *Environmental Damage in International and Comparative Law. Problems of Definition and Valuation,* Oxford University Press, Oxford, 2002, pp. 149-189.

LARENZ, Karl, *Lehrbuch des Schuldrecht,* Band I, Allgemeiner Teil, C. H. Beck'sche, München, 1987.

LEITÃO, João Menezes, «Instrumentos de Direito Privado para protecção do ambiente», RJUA, N.º 7, Junho 1997, pp. 29-65.

LEITÃO, Luís de Menezes, «A tutela civil do ambiente», RDAOT, n.º 4 e 5, Dezembro 1999, pp. 9-42.

——, *Direito das Obrigações,* vol. I., 2.ª ed., Almedina, Coimbra, 2002.

——, *A Responsabilidade do Gestor perante o Dono do Negócio no Direito Civil Português,* reimpr., Almedina, Coimbra, 2005.

LEITÃO, Teresa Morais, *Civil Liability for Environmental Damage: A Comparative Survey of Harmonised European Legislation,* Florença, 1995.

LIMA, Pires de e Antunes Varela, *Código Civil Anotado,* vol. I, 4.ª ed, Coimbra Editora, Coimbra, 1987.

LYTRAS, Theodor, *Zivilrechtliche Haftung für Umweltschäden,* Schriften zum Bürgerlichen Recht, Band 179, Duncker & Humblot, Berlim, 1995.

MAGNUS, Ulrich, «Causation in German Tort Law», in *Unification of Tort Law: Causation,* Kluwer Law International, The Hague-London-Boston, 2000, pp. 63-73.

MARTINS, Ana Gouveia e Freitas, *O Princípio da Precaução no Direito do Ambiente,* AAFDL, Lisboa, 2002.

MEDICUS, Dieter, «Zivilrecht und Umweltschutz», JZ 17/1986, pp. 778-785.

134 Causalidade e Imputação na Responsabilidade Civil Ambiental

MENDES, Paulo Sousa, *Vale a Pena o Direito Penal do Ambiente?*, AAFDL, Lisboa, 2000.

MERTENS, Anotação ao § 823, in *Münchener Kommentar zum Bürgerlichen Gesetzbuch*, Band 5, Schuldrecht – Besonderer Teil III, 3.ª ed., München, 1997.

MICHALSKI, Lutz, «Das Umwelthaftungsgesetz», Jura, 1995, pp. 617-624.

MONTEIRO, Jorge Sinde, *Responsabilidade por Conselhos, Recomendações ou Informações*, Almedina, Coimbra, 1989.

———, «A protecção dos interesses económicos na responsabilidade civil por dano ambiental», *A Tutela Jurídica do Meio Ambiente*, Studia Juridica, 81, Coimbra Editora, Coimbra 2005.

MÚRIAS, Pedro Ferreira, *Por uma Distribuição Fundamentada do Ónus da Prova*, Lex, Lisboa, 2000.

PAPPEL, Roland, *Civil Liability for Damage Caused by Waste*, Schriften zum Umweltrecht, Band 49, Duncker & Humblot, Berlim, 1995.

POSPICH, Carsten, *Haftung nach dem Umwelthaftungsgesetz bei Multifaktorieller Verursachung*, Peter Lang, Frankfurt am Main, 2004.

POZZO, Barbara, «La responsabilità per danni all'ambiente in Germania», Rivista di Diritto Civile, 1991, I, pp. 599-620.

ROGERS, W.V. Horton, «Causation under English Law», in *Unification of Tort Law: Causation*, Kluwer Law International, The Hague-London-Boston, 2000, pp. 39-51.

ROXIN, Claus, *Derecho Penal. Parte General* (trad. cast. da 2.ª ed. alemã), Tomo I, Editorial Civitas, Madrid, 1997.

SALJE, Peter e Jörg Peter, *Umwelthaftungsgesetz Kommentar*, Verlag C.H. Beck, München, 2005.

SANTOS, Gonçalo Castilho dos, *Responsabilidade Objectiva. Novas Tendências através da Responsabilidade pelo Risco*, Relatório de mestrado inédito apresentado à Faculdade de Direito de Lisboa, 2000.

SCHIMIKOWSKI, Peter, *Umwelthaftungsrecht und Umwelthaftpflichtversicherung*, 4.ª ed., VVV Karlsruhe, 1996.

SCHWARTZ, Gary T., «Causation under US Law», in *Unification of Tort Law: Causation*, Kluwer Law International, The Hague-London-Boston, 2000, pp. 123-126.

SENDIM, José de Sousa Cunhal, *Responsabilidade Civil por Danos Ecológicos. Da Reparação do Dano através de Restauração Natural*, Coimbra Editora, Coimbra, 1998.

———, *Responsabilidade Civil por Danos Ecológicos*, Cadernos do CEDOUA, Almedina, Coimbra, 2002.

SILVA, João Calvão da, *Responsabilidade Civil do Produtor*, Almedina, Coimbra, 1990.

———, «Causalidade alternativa (L'arrêt DES)», Separata da ERPL, vol. 2, 1994, pp. 465-469.

SILVA, Manuel Gomes da, *O Dever de Prestar e o Dever de Indemnizar,* vol. I, Lisboa, 1944.

SILVA, Vasco Pereira da, *Verde Cor de Direito. Lições de Direito do Ambiente,* Almedina, Coimbra, 2002.

SILVEIRA, Maria Manuela Valadão e, *A Responsabilidade pelo Risco no Código Civil. Algumas Reflexões,* Relatório de mestrado inédito apresentado à Faculdade de Direito de Lisboa, 1985.

SINISCALCO, «Causalità", *Enciclopedia del Diritto,* vol VI, Giuffrè, 1960, pp. 639-651.

SOUSA, Miguel Teixeira de, *As Partes, o Objecto e a Prova na Acção Declarativa,* Lex, Lisboa, 1995.

———, *Estudos sobre o Novo Processo Civil,* Lisboa, Lex, 1997.

———, *A Legitimidade Popular na Tutela de Interesses Difusos,* Lisboa, 2003.

SPIER, Jaap e Olav A. Haazen, «Comparative conclusions on causation», in *Unification of Tort Law: Causation,* Kluwer Law International, The Hague-London-Boston, 2000, pp. 127-154.

STEFFEN, Erich, «Verschuldenshaftung und Gefährdungshaftung für Umweltschäden», NJW 1990, Heft 30, pp. 1817-1822.

STEIN, Anotação ao § 830, in *Münchener Kommentar zum Bürgerlichen Gesetzbuch,* Band 5, Schuldrecht – Besonderer Teil III, 3.ª ed., München, 1997.

TELLES, Inocêncio Galvão, *Direito das Obrigações,* 7.ª ed., Coimbra Editora, Coimbra, 1997.

VARELA, João de Matos Antunes, *Das Obrigações em Geral,* vol. I, 10.ª ed., Almedina, Coimbra, 2000.

VISINTINI, Giovanna, *Trattato Breve della Responsabilità Civile. Fatti Illeciti. Inadempimento. Danno Risarcibile,* CEDAM, Milão, 1996.

WAGNER, Gerhard, *Kollektives Umwelthaftungsrecht auf genossenschaftlicher Grundlage,* Schriften zum Umweltrecht, Band 16, Duncker & Humblot, Berlim, 1990.

———, «Die Aufgaben des Haftungsrechts – eine Untersuchung am Beispiel der Umwelthaftungsrechts-Reform», JZ, 4/1991, pp. 175-183.

WIEBECKE, Ferdinand (Hrsg.), *Umwelthaftung und Umwelthaftungsrecht,* Deutscher Fachschriften-Verlag, Wiesbaden, 1990.

WILDE, Mark, *Civil Liability for Environmental Damage. A Comparative Analysis of Law and Policy in Europe and the United States,* Kluwer Law International, The Hague/London/New York, 2002.

ZANCHETTA, Barbara Pozzo, «The liability problem in modern environmental statutes», ERPL, vol. 4, n.º 2, 1996, pp. 111-144.

ÍNDICE

Nota prévia 7

Introdução 13

Parte I

**As soluções nos ordenamentos jurídicos estrangeiros
e na União Europeia**

§ 1.º As respostas da *Common Law* 29
§ 2.º Os ordenamentos jurídicos continentais 33
§ 3.º Em especial: a Lei de Responsabilidade Ambiental alemã 35
§ 4.º A União Europeia 46

Parte II

**As teorias da causalidade e imputação
na responsabilidade civil ambiental**

§ 1.º Da causalidade naturalística à causalidade jurídica: aspectos gerais 51
§ 2.º A teoria da *conditio sine qua non* 53
§ 3.º A evolução no sentido da adequação 56
§ 4.º A teoria do fim da norma 59
§ 5.º Rejeição dos critérios de imputação de base naturalístico-causal na responsabilidade civil ambiental 63
§ 6.º Outros critérios de imputação defendidos no domínio ambiental 64
§ 7.º Da revisão dogmática da base da imputação dos danos ambientais: o recurso à fórmula da «conexão de risco» 66

Parte III

Imputação e prova

§ 1.º Aspectos gerais 83
§ 2.º Grau de prova: suficiência da «probabilidade» do nexo causal? 85
§ 3.º Repartição do ónus da prova 91

138 *Causalidade e Imputação na Responsabilidade Civil Ambiental*

Parte IV

A «multicausalidade» em especial

§ 1.º Constelações típicas 101
§ 2.º Causalidade cumulativa 104
§ 3.º Causalidade aditiva, potenciada ou sinergética 106
§ 4.º Causalidade alternativa 107
§ 5.º Responsabilidade solidária ou conjunta? 111

Parte V

A imputação dos danos ambientais *de jure condendo*

§ 1.º A necessidade de regulação legal 115
§ 2.º Linhas de solução 116

Conclusões 125

Bibliografia 131